U0899204

陶庵梦忆

文白对照经典全译

【明】张岱 著

杨四平 王颖芬 译

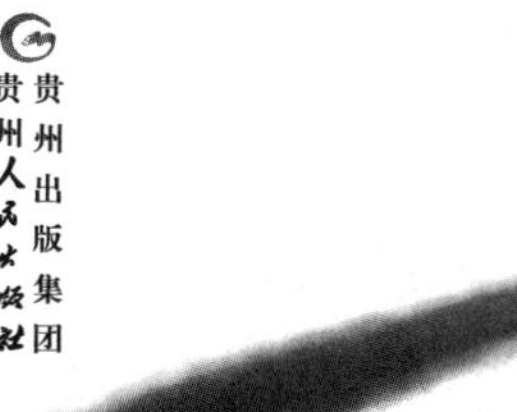

贵州出版集团
贵州人民出版社

图书在版编目（CIP）数据

陶庵梦忆＝西湖梦寻 /（明）张岱著；杨四平，杨柏林，王颖芬译 .—贵阳：贵州人民出版社，2020.6
ISBN 978-7-221-15998-4

Ⅰ.①陶… Ⅱ.①张… ②杨… ③杨… ④王… Ⅲ.①笔记－中国－明代 ②《陶庵梦忆》－译文 Ⅳ.①K248.066

中国版本图书馆 CIP 数据核字（2020）第 082135 号

书　　名	陶庵梦忆　西湖梦寻
著　　者	张　岱
译　　者	杨四平　杨柏林　王颖芬
责任编辑	刘泽海
出版发行	贵州出版集团　贵州人民出版社有限公司
制　　版	北京大观世纪文化传媒有限公司
印　　刷	北京飞帆印刷有限公司
开　　本	710毫米×1000毫米　1/32
印　　张	15
字　　数	345千字
版　　次	2020年6月第1版　2020年7月第2次印刷
标准书号	ISBN 978-7-221-15998-4
定　　价	98.00元（全二册）

（贵州人民出版社图书凡印装错误可向承印厂调换）

目录

卷三

卷四

卷六

卷七

[原文] **自序**

陶庵国破家亡，无所归止，披发入山，骇骇为野人。故旧见之，如毒药猛兽，愕窒不敢与接。作《自挽诗》，每欲引决。因《石匮书》未成，尚视息人世。然瓶粟屡罄，不能举火，始知首阳二老直头饿死，“不食周粟”，还是后人妆点语也。

饥饿之余，好弄笔墨，因思昔人生长王、谢，颇事豪华，今日罹此果报：以笠报颅，以蒉报踵，仇簪履也；以衲报裘，以苎报绨，仇轻暖也；以藿报肉，以粝报粻，仇甘旨也；以荐报床，以石报枕，仇温柔也；以绳报枢，以瓮报牖，仇爽垲也；以烟报目，以粪报鼻，仇香艳也；以途报足，以囊报肩，仇舆从也。种种罪案，从种种果报中见之。

鸡鸣枕上，夜气方回，因想余生平，繁华靡丽，过眼皆空，五十年来，总成一梦。今当黍熟黄粱，车旅蚁穴，当作如何消受？遥思往事，忆即书之，持向佛前，一一忏悔。不次岁月，异年谱也；不分门类，别《志林》也。偶拈一则，如游旧径，如见故人，城郭人民，翻用自喜，真所谓痴人前不得说梦矣。

昔有西陵脚夫为人担酒，失足，破其瓮，念无所偿，痴坐伫想曰：“得是梦便好！”一寒士乡试中式，方赴鹿鸣宴，恍然犹意非真，自啮其臂曰：“莫是梦否？”一梦耳，惟恐其非梦，又惟恐其是梦，其为痴人则一也。余今大梦将寤，犹事雕虫，又是一番梦呓。因叹慧业文人，名心难化，正如邯郸梦断，漏尽钟鸣，卢生遗表，犹思摹拓二王，以流传后世，则其名根一点，坚固如佛家舍利，劫火猛烈，犹烧之不失也。

[译文] # 自序

陶庵国破家亡，走投无路，披头散发遁入深山中，变成了让人惊骇的野人模样。从前的老朋友见到我，像是遇到了毒药、猛兽，惊愕得喘不上气来，不敢和我接触。我给自己作了挽诗，常常想结束生命。但是因为《石匮书》还没写完，所以还在人间停留。但是瓶中经常没有粮食，无米下炊，才知道伯夷、叔齐二老是活活饿死的，说他们为了气节不食周粟，其实是后人装点粉饰的话。

饥饿之余，我喜好舞文弄墨。因此想到过去生长在王、谢这样的权贵之家，生活极尽豪华，如今却遭到如此因果报应：戴斗笠，穿草鞋，是对以前华美冠履的报应；以衲衣代替皮裘，以粗麻布代替细葛布，是对以前轻暖衣服的报应；用野菜代替肉食，用粗米代替精米，是对以前美味佳肴的报应；用草席代替床褥，用石头代替枕头，是对以前舒适卧榻的报应；用绳子代替户枢，用破瓮代替窗户，是对过去高爽干燥居所的报应；满眼烟尘，闻到的都是粪便臭味，是对以前享受香艳的报应；徒步出行，负重在肩，是对以前车马随从的报应。过去的各种罪恶，都有了报应。辗转反侧中鸡叫了，夜色退去。想到我的过往，繁华靡丽消失得无影无踪，五十年的生活像大梦一场。现在黄粱梦醒，南柯梦断，我该如何面对？想到遥远的往事，我就记下来，拿到佛前，一件件向佛忏悔。所写的事，不依照时间先后排序，和年谱不同；不分门类，和《志林》有区别。偶尔拿出一篇看看，好像是故地重游，老友重逢，虽说如今物是人非，我却暗自高兴，这真是人们说的不能和痴人说梦呀。

从前萧山有个脚夫替别人挑酒，摔了一跤把酒罐摔碎了。想到自己无力赔偿，呆呆坐着胡思乱想道:“如果是梦就好了！”一个读书人中了举人，参加鹿鸣宴，恍惚中以为这不是真的，咬着自己胳膊说:“莫不是做梦吧！”同样是梦，有人唯恐不是梦，有人唯恐是梦，都是痴傻的人。我现在日薄西山，还是喜欢写作，这又是在说梦话了。所以感叹具有慧业的文人名利心难改，正像邯郸一梦结束，天将破晓时，卢生还想着在遗表中把摹拓二王的书法流传后世一样。因此，他们的一点名根，像佛家的舍利一样坚固，虽经劫火猛烈焚烧，仍然顽强存在。

卷一

钟山

钟山上有云气，浮浮冉冉，红紫间之，人言王气，龙蜕藏焉。

高皇帝与刘诚意、徐中山、汤东瓯定寝穴，各志其处，藏袖中。三人合，穴遂定。门左有孙权墓，请徙。太祖曰：“孙权亦是好汉子，留他守门。”

及开藏，下为梁志公和尚塔。真身不坏，指爪绕身数匝。军士辇之不起。太祖亲礼之，许以金棺银椁、庄田三百六十奉香火，舁灵谷寺塔之。今寺僧数千人，日食一庄田焉。陵寝定，闭外羡，人不及知。所见者，门三，飨殿一，寝殿一，后山苍莽而已。

壬午七月，朱兆宣簿太常。中元祭期，岱观之。飨殿深穆，暖阁去殿三尺，黄龙幔幔之。列二交椅，褥以黄锦，孔雀翎织正面龙，甚华重。席地以毡，走其上必去舄轻趾。稍咳，内侍辄叱曰：“莫惊驾！”近阁下一座稍前，为碽妃，是成祖生母。成祖生，孝慈皇后妊为己子，事甚秘。再下，东西列四十六席，或坐或否。

祭品极简陋。朱红木簋、木壶、木酒樽，甚粗朴。簋中肉止三片、粉一铗、黍数粒、东瓜汤一瓯而已。暖阁上一几，陈铜炉一、小箸瓶二、杯棬二；下一大几，陈太牢一、少牢一而已。他祭或不同，岱所见如是。

先祭一日，太常官属开牺牲所中门，导以鼓乐旗帜，牛羊自出，龙袱盖之。至宰割所，以四索缚牛蹄。太常官属至，牛正面立，太常官属朝牲揖，揖未起，而牛头已入燖所。燖已，舁至飨殿。次日五鼓，魏国至，主祀，太常官属不随班，侍立飨殿上。祀毕，牛羊已臭腐不堪闻矣。平常日进二膳，亦魏国陪祀，日必至云。

戊寅，岱寓鹫峰寺。有言孝陵上黑气一股，冲入牛斗，百有余日矣。岱夜起视，见之。自是流贼猖獗，处处告警。壬午，朱成国与王应华奉敕修陵，木枯三百年者尽出为薪，发根，隧其下数丈，识者为伤地脉、泄王气。今果有甲申之变，则寸斩应华亦不足赎也。孝陵玉石二百八十二年，今岁清明，乃遂不得一盂麦饭，思之猿咽。

［译文］

钟山上有云气，缓缓飘浮，夹杂着红色和紫色，人们说这是王气，龙蜕下的皮藏在里面。

明朝高皇帝和刘伯温、徐达、汤和当年勘测陵墓地点时，把每个人选好的地点写下来，藏在袖子里。三个人不谋而合都选的这里，于是陵墓选址确定了。陵门的左边原来有孙权的墓，大臣们请求把它移走。太祖说:“孙权也是条好汉，留着他看守陵门吧。”等到开工挖掘的时候，发现下面是南朝梁国志公和尚的塔。塔内志公和尚的肉身还没有腐坏，他长长的指甲环绕身体好几圈，士兵们抬不动他。太祖亲自举行祭礼，许诺以金银棺椁隆重安葬，赐良田三百六十亩，供奉香火，才把志公和尚的肉身抬到灵谷寺，安葬在塔中。现在灵谷寺有数千僧人，每天能吃掉一个庄园产的粮食。陵墓修好后，封闭了通往墓穴的道路，没有人能知道位置。人们能看到的，就是三座门，一座飨殿和一座寝殿，后山树木茂盛而已。

壬午年七月朱兆宣任太常寺卿，举行中元节祭祀，我去观看。飨殿幽深肃穆，暖阁离殿三尺高，用绣有黄龙的帷幔遮盖着。殿中放着两把交椅，铺着黄锦孔雀翎的褥垫，褥垫上织着正面团龙图案，非常华丽庄严。毛毡铺地，人们走在上面必须脱鞋、放轻脚步。有人轻微咳嗽，内侍就会训斥道:“不要惊扰了圣驾！”

靠近暖阁下的一个座位，稍稍靠前的是碽妃的座位，她是成祖的生母。成祖出生后，孝慈皇后抱养了他，这是很隐秘的事。暖阁再往下，东西方向排列四十六个席位，有的有座，有的则没有。供奉的祭品很简陋。祭祀用的是朱红色木簋、木壶、木酒樽，很粗糙质朴。簋中只盛有三片肉、一铗面粉、几粒黍、一小盆冬瓜汤而已。暖阁上有一张几案，上面陈放着一只铜炉、两个小箸瓶、两个木杯子。暖阁下有一张大的几案，也不过陈放着一副太牢、一副少牢而已。别的祭祀可能不一样，我看到的就是如此。祭祀前一天，太常寺的官员打开关着祭祀动物场地的中门，用鼓乐旗子引导，牛羊自己从门里出来，龙图案的布盖在牛羊身上。到了屠宰的地方，人们用四条绳索捆住牛蹄。太常寺的官员到来，牛正面站立，官员向牛作揖，还没抬头伸直身体，而牛头已经被割下放入锅中炖煮。煮熟后，牛头被抬到飨殿。第二天五更时，魏国公来到飨殿，主持祭祀仪式，太常寺官员不参与上供，只是侍立在飨殿上。祭祀仪式完成后，祭品已经腐臭得不能闻了。平常每天进献两餐膳食，也是由魏国公陪同祭祀，每天都要到场。

戊寅年，我借住在鹫峰寺。听人说孝陵上有一股黑色雾气，冲犯了牛宿和斗宿，已经延续一百多天。我在夜晚起来观看，见到了这一现象。从此以后流贼猖獗，到处不得安宁。壬午年，朱成国和王应华奉皇帝命令修补皇陵，把枯朽了三百年的树挖出来当柴烧，因为要挖树根，向下挖了几十丈深，有见识的人认为这样做伤了地脉，泄了王气，如今果然遭遇甲申之变，就是千刀万剐王应华也无法赎罪。建造孝陵的玉石有二百八十二年了，今年的清明节，竟然得不到一盂麦饭的供奉，想起来我便像猿一样悲切呜咽。

报恩塔

中国之大古董，永乐之大窑器，则报恩塔是也。报恩塔成于永乐初年，非成祖开国之精神、开国之物力、开国之功令，其胆智才略足以吞吐此塔者，不能成焉。塔上下金刚佛像千百亿金身。一金身，琉璃砖十数块凑砌成之，其衣褶不爽分，其面目不爽毫，其须眉不爽忽，斗笋合缝，信属鬼工。

闻烧成时，具三塔相，成其一，埋其二，编号识之。今塔上损砖一块，以字号报工部，发一砖补之，如生成焉。夜必灯，岁费油若干斛。天日高霁，霏霏霭霭，摇摇曳曳，有光怪出其上，如香烟缭绕，半日方散。永乐时，海外夷蛮重译至者百有余国，见报恩塔必顶礼赞叹而去，谓四大部洲所无也。

[译文]

报恩塔堪称中国的大古董，永乐的大窑器。报恩塔建成于永乐初年，如果不是明成祖开国时的雄心、物力、法令，他的胆识和智慧可以掌控建塔工程，报恩塔就不可能建成。塔身上上下下有千百个金刚佛像。每一座佛像都是用十几块琉璃砖砌成的。佛像的衣褶不差一分，面目不差一毫，须发眉毛不差一忽，拼接处严丝合缝，确实是鬼斧神工。

听说琉璃砖烧成时每一块有三副，一副用来建塔，另两副埋到地下，编上号做标记。如果塔上有一块砖坏了，把砖的编号报给工部，就可以发送一块砖补上，就像原来的一样。报恩塔每晚灯火通明，每年消耗灯油几斛。天空晴朗，当太阳高照、云气弥漫、光影摇曳的时候，会有光怪出现在塔的上方，像香烟一样在塔上缭绕，过了半天才消散。永乐年间，世界各地有一百多个国家的海外蛮夷来到这里，见到报恩塔一定要顶礼膜拜，赞叹一番后才肯离开，说这座塔是世上绝无仅有的。

天台牡丹

天台多牡丹，大如拱把，其常也。某村中有鹅黄牡丹，一株三干，其大如小斗，植五圣祠前。枝叶离披，错出檐甃之上，三间满焉。花时数十朵，鹅子、黄鹂、松花、蒸栗，萼楼穰吐，淋漓簇沓。土人于其外搭棚演戏四五台，婆娑乐神。有侵花至漂发者，立致奇祟。土人戒勿犯，故花得蔽芾而寿。

［译文］

天台盛产牡丹，大的要两手合拢才能抱住，并不稀奇。有一个村里有株鹅黄牡丹，一棵有三个枝干，大的像小斗一样，种在武圣祠前面。枝叶繁茂，交错生长到屋檐砖瓦之上，覆盖了三间房顶。开花时会有几十朵，颜色像小鹅羽毛、黄鹂羽毛、松花、蒸熟的栗子。花萼层层叠叠，花瓣一簇一簇，像水一样翻腾奔涌，开得淋漓极致。当地人在祠堂外搭起四五台棚子唱戏，用欢乐取悦神灵。如果有人使牡丹花受到些微损坏，就会很快招致奇怪的灾祸。当地人告诫他人不可伤害牡丹花，所以牡丹才能花木繁茂，生长数年。

金乳生草花

金乳生喜莳草花。住宅前有空地，小河界之。乳生濒河构小轩三间，纵其趾于北，不方而长，设竹篱经其左。北临街，筑土墙，墙内砌花栏护其趾。再前，又砌石花栏，长丈余而稍狭。栏前以螺山石垒山披数折，有画意。草木百余本，错杂莳之，浓淡疏密，俱有情致。

春以罂粟、虞美人为主，而山兰、素馨、决明佐之。春老以芍药为主，而西番莲、土萱、紫兰、山矾佐之。夏以洛阳花、建兰为主，而蜀葵、乌斯菊、望江南、茉莉、杜若、珍珠兰佐之。秋以菊为主，而剪秋纱、秋葵、僧鞋菊、万寿、芙蓉、老少年、秋海棠、雁来红、矮鸡冠佐之。冬以水仙为主，而长春佐之。其木本如紫白丁香、绿萼、玉楪、蜡梅、西府、滇茶、日丹、白梨花，种之墙头屋角，以遮烈日。

乳生弱质多病，早起，不盥不栉，蒲伏阶下，捕菊虎，芟地蚕，花根叶底，虽千百本，一日必一周之。瘥头者火蚁，瘠枝者黑蚰，伤根者蚯蚓、蜒蝣，贼叶者象干、毛猬。火蚁，以鲞骨、鳖甲置旁引出弃之；黑蚰，以麻裹箸头捋出之；蜒蝣，以夜静持灯灭杀之；蚯蚓，以石灰水灌河水解之；毛猬，以马粪水杀之；

象干虫，磨铁线穴搜之。事必亲历，虽冰龟其手，日焦其额，不顾也。青帝喜其勤，近产芝三本以祥瑞之。

[译文]

金乳生喜欢莳弄花草。他家房前有一块空地，有一条小河分隔。乳生沿着河边建了三间轩榭，沿着地基向北延伸，形状不是方的，是细长的，在左边插了竹篱笆。轩榭的北面临街，修筑土墙，墙内砌了雕花栏杆保护地基。再往前，又砌了石质花栏杆，长一丈有余，有些狭长。在栏杆前用螺山石垒成错落有致的假山，很有画意。

他种的花草树木有百余个品种，交叉着种植，浓淡疏密相宜，都很有情致。春天的花草以罂粟、虞美人为主，还有山兰、素馨、决明相伴。晚春花草以芍药为主，还有西番莲、土萱、紫兰、山矾相伴。夏天以洛阳花、建兰为主，有蜀葵、乌斯菊、望江南、茉莉、杜若、珍珠兰相伴。秋天以菊花为主，有剪秋纱、秋葵、僧鞋菊、万寿芙蓉、老少年、秋海棠、雁来红、矮鸡冠相伴。冬天以水仙为主，有长春花相伴。木本花草像紫白丁香、绿萼、玉楪、腊梅、西府、滇茶、日丹、白梨花，种在墙头屋角，用来遮挡烈日。

乳生体弱多病，每天早晨起来，不梳洗，蹲在台阶下，抓菊虎虫，除地蚕草。千百株花的根部和叶子下面，他每天都要清除一遍。使花草顶部枯萎的是火蚁，使枝条细弱的是黑蚰，伤害花根的是蚯蚓、蚰蜒，吃叶子的是象干、毛猬。对付火蚁，用鲞骨、鳖甲放在附近引诱它出来然后扔掉。对付黑蚰，用麻裹住筷子头可以将它捋出来。对付蚰蜒，用夜深人静时手持灯火的方法消灭。蚯蚓，用石灰水掺进河水中溶化它们。毛猬，用马粪水消灭。象干虫，可以把铁质农具磨细深入虫穴掏挖。乳生每件事都亲历亲为，虽然寒冷的冰水把他的手冻裂，阳光晒焦了他的额头，他也无暇顾及。掌管春天的青帝欣赏他的勤劳，最近让他的花园里长出了三株灵芝，降祥瑞给他。

日月湖

宁波府城内，近南门，有日月湖。日湖圆，略小，故日之；月湖长，方广，故月之。二湖连络如环，中亘一堤，小桥纽之。

日湖有贺少监祠。季真朝服拖绅，绝无黄冠气象。祠中勒唐玄宗《饯行》诗以荣之。季真乞鉴湖归老，年八十余矣。其《回乡》诗曰:“幼小离家老大回，乡音无改鬓毛衰。儿孙相见不相识，笑问客从何处来？”八十归老，不为早矣，乃时人称为“急流勇退”，今古传之。

季真曾谒一卖药王老，求冲举之术，持一珠贻之。王老见卖饼者过，取珠易饼。季真口不敢言，甚懊惜之。王老曰:“悭吝未除，术何由得！”乃还其珠而去。则季真直一富贵利禄中人耳。《唐书》入之《隐逸传》，亦不伦甚矣。

月湖一泓汪洋，明瑟可爱，直抵南城。城下密密植桃柳，四围湖岸，亦间植名花果木以萦带之。湖中栉比者皆士夫园亭，台榭倾圮，而松石苍老。石上凌霄藤有斗大者，率百年以上物也。四明缙绅，田宅及其子，园亭及其身。平泉木石，多暮楚朝秦，故园亭亦聊且为之，如传舍、衙署焉。屠赤水娑罗馆亦仅存娑罗而已。所称“雪浪”等石，在某氏园久矣。

清明日，二湖游船甚盛，但桥小，船不能大。城墙下趾稍广，桃柳烂漫，游人席地坐，亦饮亦歌，声存西湖一曲。

［译文］

宁波府城里，靠近南门处有个日月湖。日湖形状是圆的，略小，所以叫日湖；月湖是长形的，又方又大，所以叫月湖。两个湖像环一样连在一起，中间横着一道湖堤，有小桥把它们连在一起。日湖上建有贺知章祠。贺知章的塑像穿着朝服披着绶带，没有一点道士的样子。祠里面有石碑刻着唐玄宗为贺知章作的《饯行》诗以示荣耀。贺知章请求回鉴湖告老还乡，当时已经八十余岁了。他的《回乡》诗写到:“幼小离家老大回，乡音无改鬓毛衰。儿孙相见不相识，笑问客从何处来？”八十岁告老还乡，不算早了，而当时人们称颂他急流勇退，至今流传。

贺知章曾经拜见一个卖药的王老翁，向他讨教成仙术，赠送了一颗珍珠给他。王老翁看到卖饼的人经过，用珍珠换了饼子。贺知章不好开口，但很懊恼心疼。王老翁说:“吝啬的毛病不改，怎么能得到成仙术！”于是把珠子还给他扬长而去。看来贺知章就是一个还未摆脱富贵利禄羁绊的人罢了。《新唐书》中把他放在《隐逸传》里，也有些不伦不类。

月湖水面浩荡，湖水晶莹纯净惹人喜爱，一直通到宁波府城南。城墙下种了茂密的桃树和柳树，包围着湖岸，也夹杂种了名贵的花果树木环绕日月湖。湖中鳞次栉比布满士大夫修建的园亭，亭台水榭已倒塌，松树和石头依然苍翠古老。石头上缠绕的凌霄藤有的像斗那么大，大概要有百年以上了。宁波的官宦豪绅们，置办的房产田宅还能传给儿孙，但经营的园亭则只能自身欣赏。私家花园林苑，大多朝秦暮楚，几易其主，所以园亭也只是暂且为之，像暂供往来行人休息住宿的处所和官署。屠隆的娑罗馆也不过仅有娑罗树还在。有名的“雪浪”等名石，闲置在某人的园林中很久了。清明节这一天，日月湖游船很多，但因为桥小所以船都不大。城墙比较宽，桃树柳树茂盛。游人席地而坐，边饮酒边唱歌，只有一曲《西湖》流传下来。

金山夜戏

崇祯二年中秋后一日，余道镇江往兖。日晡，至北固，舣舟江口。月光倒囊入水，江涛吞吐，露气吸之，噀天为白。

余大惊喜。移舟过金山寺，已二鼓矣。经龙王堂，入大殿，皆漆静。林下漏月光，疏疏如残雪。余呼小傒携戏具，盛张灯火大殿中，唱韩蕲王金山及长江大战诸剧。锣鼓喧阗，一寺人皆起看。有老僧以手背摋眼翳，翕然张口，呵欠与笑嚏俱至；徐定睛视：为何许人？以何事何时至？皆不敢问。剧完将曙，解缆过江。山僧至山脚，目送久之，不知是人，是怪，是鬼。

［译文］

崇祯二年中秋节后第二天，我途经镇江前往兖州。午后申时，行到北固山，在江口停船靠岸。晚上，月光像从囊中倒出倾泻在水面上，江上波涛吞吐澎湃，露气吸收了月光，把天空都喷成了白色。

我万分欣喜。船经过金山寺时已是二鼓天了。路过龙王堂，进入大殿，周围漆黑寂静。月光从林中漏下，照在地面像稀疏的残雪。我呼唤仆人拿着唱戏的服装道具，在大殿中大张旗鼓地点亮灯火，唱韩世忠金山和长江大战等多个剧目。锣鼓声震四方，一片喧闹。寺里的人都起来观看。有一个老僧用手背揉着昏花的眼睛，嘴巴张得合不拢，哈欠、笑和喷嚏一起发出来。他慢慢定睛，想弄清我们是什么人，因为什么事情、什么时候到这里，却都不敢开口问。戏唱完了，天快亮了，我们解开缆绳划船过江。金山寺的僧人们追到山脚，久久目送我们离开，不知我们是人，是妖怪，还是鬼魂。

筠芝亭

筠芝亭，浑朴一亭耳，然而亭之事尽，筠芝亭一山之事亦尽。吾家后此亭而亭者，不及筠芝亭；后此亭而楼者、阁者、斋者，亦不及。总之，多一楼，亭中多一楼之碍；多一墙，亭中多一墙之碍。太仆公造此亭成，亭之外更不增一椽一瓦，亭之内亦不设一槛一扉，此其意有在也。

亭前后，太仆公手植树皆合抱，清樾轻岚，滃滃翳翳，如在秋水。亭前石台，躐取亭中之景物而先得之，升高眺远，眼界光明：敬亭诸山，箕踞麓下；溪壑萦回，水出松叶之上。台下右旋，曲磴三折，老松偻背而立，顶垂一干，倒下如小幢，小枝盘郁曲出辅之，旋盖如曲柄葆羽。癸丑以前，不垣不台，松意尤畅。

［译文］

筠芝亭是浑然、质朴的一座亭子。亭子建成，筠芝亭所在山上的所有建造也都完成了。我家在筠芝亭之后建的亭子，都比不上它；在它之后建的楼、阁、斋，也不如它。总的来说，再建一座楼或一堵墙都会妨碍亭子的美。太仆公建成亭子后，亭子外再没有添一椽一瓦，亭子里面没有多出一道门槛一扇门窗，这是有用意的。

亭子前后，太仆公亲手种下的树都有合抱粗了，遮挡阳光，树荫下氤氲着山间的雾气，雾气升腾弥漫，如同徜徉在秋水中。站在亭子前面的石台阶上，可以最先看到亭子中的景物，再向高处走可以看得更远，视野明朗开阔。敬亭等山雄踞其下，溪水曲曲折折流淌，高低错落间，远远望去好像水从松叶上流过。从台下的石阶右转经过几节台阶，生长着一棵弯腰驼背的老松树，树顶垂下一条枝干向下生长像一面旗子，小松枝缠绕葱郁，曲曲折折作为陪衬，漩涡状的松盖像曲柄的华盖。癸丑年前，没有砌围墙和石台，松树的意境更畅达。

砎园

砎园，水盘据之，而得水之用，又安顿之若无水者。寿花堂，界以堤，以小眉山，以天问台，以竹径，则曲而长，则水之。内宅，隔以霞爽轩，以酣漱，以长廊，以小曲桥，以东篱，则深而邃，则水之。临池，截以鲈香亭、梅花禅，则静而远，则水之。缘城，护以贞六居，以无漏庵，以菜园，以邻居小户，则閟而安，则水之。水之用尽，而水之意色指归乎庞公池之水。庞公池，人弃我取，一意向园，目不他瞩，肠不他回，口不他诺。龙山夔蜓，三折就之，而水不之顾。人称砎园能用水，而卒得水力焉。

大父在日，园极华缛。有二老盘旋其中，一老曰："竟是蓬莱阆苑了也！"一老咈之曰："个边那有这样！"

[译文]

砎园，水在其中迂回盘绕，充分发挥了水的作用，但园子的布局又好像没有水的样子。寿花堂用堤岸、小眉山、天问台、竹径作为分隔，曲折而狭长，用水来环绕；内宅用霞爽轩、酣漱、长廊、小曲桥、东篱分割，显得深幽，用水来环绕；靠近庞公池，用鲈香亭、梅花禅截断，宁静而悠远，用水来环绕；沿着城墙，用贞六居、无漏庵、菜园、邻里小户人家遮挡防护，幽静安闲，对水的利用到了极致。水的千姿百态全得益于庞公池水。庞公池利用别人不用的水，全部心意都为了砎园，目不斜视，心无旁骛，不许诺别人，龙山像蚰蜒一样在它周围蜿蜒，庞公池水不把它放在眼里。人们都称赞砎园善于营造水的环境，充分发挥了水的魅力。

祖父在世时，园子非常华美。有两位老人流连忘返，一个老者说："这里简直是和蓬莱、阆苑一样的仙境呀！"另一个老者不同意："那里可没有这里好！"

葑门荷宕

天启壬戌六月二十四日，偶至苏州，见士女倾城而出，毕集于葑门外之荷花宕。楼船画舫至鱼艖小艇，雇觅一空。远方游客，有持数万钱无所得舟，蚁旋岸上者。

余移舟往观，一无所见。宕中以大船为经，小船为纬，游冶子弟，轻舟鼓吹，往来如梭。舟中丽人皆倩妆淡服，摩肩簇舄，汗透重纱。舟楫之胜以挤，鼓吹之胜以杂，男女之胜以溷，歊暑燂烁，靡沸终日而已。

荷花宕经岁无人迹，是日，士女以鞋靸不至为耻。袁石公曰："其男女之杂，灿烂之景，不可名状。大约露帏则千花竞笑，举袂则乱云出峡，挥扇则星流月映，闻歌则雷辊涛趋。"盖恨虎丘中秋夜之模糊躲闪，特至是日而明白昭著之也。

[译文]

天启壬戌年六月二十四日，我偶然到苏州，看见男男女女倾城而出来到葑门外的荷花宕。不管华丽的大船还是小艇，都被租用了。远方来的游客，有的人用几万贯都租不到船，像蚂蚁一样在岸上团团转。

我划船过去观看，什么也没看到。宕中大船小船经纬交织，寻欢作乐的纨绔子弟，划着轻快的小船击鼓奏乐，来回穿梭。船上美丽的女子妆容美丽服装淡雅，摩肩接踵，香汗湿透了几层纱衣。舟船密密麻麻挤在一起，鼓乐齐鸣杂乱纷呈，男女混杂拥挤，气味污浊，暑热难耐，喧闹了一整天。

荷花宕平时无人光顾，只有这一天，满城男女都以没踏足此地为耻。袁宏道说："那一天男男女女混杂拥挤，快乐、热闹的样子，无法用语言形容。大致情景就是美人揭开帏帘就像千万朵鲜花竞相绽放，举起袖子就像乱云飘出峡谷，挥舞扇子就像流星飞逝、月光照耀，听到歌声就像雷声轰鸣，波涛奔涌而来。"大概是男男女女遗憾中秋夜在虎丘山若即若离不能尽兴，所以特地选这一天在光天化日下快乐。

越俗扫墓

越俗扫墓，男女袨服靓妆，画船箫鼓，如杭州人游湖，厚人薄鬼，率以为常。二十年前，中人之家尚用平水屋帻船，男女分两截坐，不坐船，不鼓吹。先辈谑之曰："以结上文两节之意。"后渐华靡，虽监门小户，男女必用两坐船，必巾，必鼓吹，必欢呼畅饮。下午必就其路之所近，游庵堂寺院及士夫家花园。鼓吹近城，必吹《海东青》《独行千里》，锣鼓错杂。酒徒沾醉，必岸帻嚣嚎，唱无字曲，或舟中攘臂，与侪列厮打。自二月朔至夏至，填城溢国，日日如之。

乙酉，方兵划江而守，虽鱼艖菱舠收拾略尽。坟垄数十里而遥，子孙数人挑鱼肉楮钱，徒步往返之，妇女不得出城者三岁矣。萧索凄凉，亦物极必反之一。

［译文］

越地的扫墓风俗，男女衣着华丽，打扮漂亮，乘着画船，吹箫击鼓，就像杭州人游西湖一样快乐。厚待活人，薄待逝者，都习以为常。二十年前，中等之家扫墓还都乘平水屋帻船这种没有座的改装货船。男女分别站在船头和船尾，不奏乐。老一辈人调侃说："这是借了上文两节的意思（上坟两截）。"后来越发华丽奢靡，即使是一般小户人家，男人女人一定坐两座船，一定要头戴方巾，一定要奏乐，一定要欢歌笑语，畅饮美酒。下午一定要到扫墓途中就近的庵堂、寺院、士大夫家花园游玩。一路吹吹打打着走进城里，一定要吹《海东青》《独行千里》，锣鼓喧嚣嘈杂。有人喝得酩酊大醉，会把头巾摘下，衣冠不整，大喊大叫，胡乱哼着小曲，或者在船上撸起袖子，和同伴打闹。每年从二月初到夏至，人们倾城出动，喧嚣热闹，天天如此。

乙酉年间，方国安起兵，凭借长江天险守卫朝廷抵抗清军，连小渔船和采菱角的小船都被没收。坟墓几十里远，众子孙肩挑上供的供品和纸钱，徒步来去，妇女们已经有三年不许出城。如今萧索凄凉的景象，是一个物极必反的例子。

奔云石

南屏石，无出“奔云”右者。“奔云”得其情，未得其理。石如滇茶一朵，风雨落之，半入泥土，花瓣棱棱，三四层折。人走其中，如蝶入花心，无须不缀也。

黄寓庸先生读书其中，四方弟子千余人，门如市。余幼从大父访先生。先生面黧黑，多髭须，毛颊，河目海口，眉棱鼻梁，张口多笑。交际酬酢，八面应之：耳聆客言，目睹来牍，手书回札，口嘱傒奴，杂沓于前，未尝少错。客至，无贵贱，便肉便饭食之，夜即与同榻。余一书记往，颇秽恶，先生寝食之不异也，余深服之。

丙寅至武林，亭榭倾圮，堂中窀先生遗蜕，不胜人琴之感。余见“奔云”黝润，色泽不减，谓客曰：“愿假此一室，以石磥门，坐卧其下，可十年不出也。”客曰：“有盗。”余曰：“布衣褐被，身外长物则瓶粟与残书数本而已。王弇州不曰‘盗亦有道也’哉？”

［译文］

南平的石头，没有能超过奔云石的。“奔云”描述了它的外在，却没有说出它的底蕴。这石头像一朵云南的茶花，被风雨吹落，一半埋在泥土里，花瓣重重叠叠，折为三四层。人们走在里面，好像蝴蝶飞入花心，需要细细品味。

黄寓庸先生在那里读书，四面八方来求教的弟子有千余人，门庭若市。我小的时候和祖父去拜访过先生。先生面孔黝黑，胡须茂密，脸颊上也多毛，眼睛细长，嘴巴很大，眉骨突出，鼻梁很高，喜欢开口大笑。擅于交际应酬，能照顾到方方面面。耳朵可以听客人说话，眼睛看着收到的来信，手在写回信，嘴里吩咐仆人，同时处理各种事情，很少出差错。客人来了，不分贵贱，都会用饭菜招待，晚上和客人睡在一起。我有一个书记员去他那里，这个人不整洁不讨人喜欢，先生对他同样对待，我非常信服先生。

丙寅年我到杭州，见那里已是亭榭坍塌，先生的遗体埋葬在讲堂中，让人万分怀念。我看到奔云石黝黑滋润，色泽不减当年，对客人说：“我希望能借这样的一个房间，用石头把门封住，我生活在里面，可以十年都不出去。”客人说：“会有贼。”我说：“我穿着粗布衣，盖着粗布被，身外之物只有些粮食和几本破书罢了。王世贞不是说过‘盗亦有道’吗？”

木犹龙

木龙出辽海，为风涛漱击，形如巨浪跳蹴，遍体多着波纹。常开平王得之辽东，辇至京。开平第毁，谓木龙炭矣，及发瓦砾，见木龙埋入地数尺，火不及，惊异之，遂呼为“龙”。不知何缘出易于市，先君子以犀觥十七只售之，进鲁宪王，误书“木龙”犯讳，峻辞之，遂留长史署中。

先君子弃世，余载归，传为世宝。丁丑诗社，恳名公人赐之名，并赋小言咏之。周墨农字以“木犹龙”，倪鸿宝字以“木寓龙”，祁世培字以“海槎”，王士美字以“槎浪”，张毅儒字以“陆槎”，诗遂盈帙。

木龙体肥痴，重千余斤，自辽之京、之兖、之济，由陆；济之杭，由水；杭之江、之萧山、之山阴、之余舍，水陆错。前后费至百金，所易价不与焉。呜呼，木龙可谓遇矣！

余磨其龙脑尺木，勒铭志之，曰：“夜壑风雷，骞槎化石；海立山崩，烟云灭没；谓有龙焉，呼之或出。”又曰：“扰龙张子，尺木书铭；何以似之？秋涛夏云。”

［译文］

木龙是从辽海里打捞出来的，被大风大浪冲刷击打，像大浪一样在水中跳跃，浑身纹理像波浪一样。开平王常遇春在辽东得到它，用车拉到京城。开平府被毁，传说木龙化成了灰炭。等到清理瓦砾时，发现木龙被埋在地下几尺深，没有被火烧到，人们很惊异，于是把它称为龙。不知什么缘故木龙被拿到市上出售，我父亲用十七只牛角杯买下，进献给鲁献王，误写成“木龙”犯了忌讳，被严词回绝，于是留在了长史衙门里。

我父亲去世后，我把它带回来，作为传世之宝。丁丑年结诗社，恳请名人给它赐名，并写一小段文字描述它。周墨龙题名“木犹龙”，倪鸿宝题名“木寓龙”，祁世培题名“海槎”，王士美题名“槎浪”，张毅儒题名“陆槎”，写它的诗句一时多得快装不下了。

木龙体形硕大笨重，有千余斤，从辽东到京城，到兖州，到济南，走陆路。从济南到杭州，走水路。从杭州到江边，到萧山，到山阴，到我家，水路陆路交替。运费花了很多银子，买它的钱还不算在内。哎呀！木龙真是遇到了知音！

我磨平了木龙头上助龙升天的木头，刻上了文字记录此事，是这样写的:“深夜幽谷中风雷大作，飞起的木筏变成化石；大海立起，山川崩塌，烟云时有时无；都说有龙存在，呼唤它就会现身。”又写道:“打扰木龙的张岱，在尺木上刻字。怎么形容木龙呢？它像秋天的波涛，夏天的流云。”

天砚

少年视砚，不得砚丑。徽州汪砚伯至，以古款废砚，立得重价，越中藏石俱尽。阅砚多，砚理出。曾托友人秦一生为余觅石，遍城中无有。山阴狱中大盗出一石，璞耳，索银二斤。余适往武林，一生造次不能辨，持示燕客。燕客指石中白眼曰:“黄牙臭口，堪留支桌。”赚一生还盗。燕客夜以三十金攫去。命砚伯制一天砚，上五小星一大星，谱曰“五星拱月”。燕客恐一生见，铲去大小二星，止留三小星。一生知之，大懊恨，向余言。余笑曰:“犹子比儿。”亟往索看。燕客捧出,赤比马肝,酥润如玉,背隐白丝类玛瑙,指螺细篆,面三星坟起如弩眼,着墨无声而墨沸烟起。一生痴痏,口张而不能翕。燕客属余铭,铭曰:“女娲炼天,不分玉石;鳌血芦灰,烹霞铸日;星河溷扰,参横箕翕。”

[译文]

我年轻的时候,不能辨别砚的美丑。徽州汪砚伯到来,一遇到古老款式、被废弃的砚台,就重金买下,一时间此地民间石砚都被他收藏。石砚看得多了,就悟出了赏砚的门道。我曾经委托朋友秦一生为我寻找做砚的石料,满城都没有找到理想的。山阴狱中有一个大盗出手一块石料,是原石,要二斤银子。我刚好去苏州,一生不精通无法辨别好坏,把它拿给我堂弟燕客。燕客指着石头上的白眼说:“材质太差,只能用来垫桌子。”哄骗一生还给大盗。张萼连夜用三十两银子抢下。请砚伯做成一方天砚,上面有五颗小星和一颗大星,命名“五星拱月”。燕客怕一生看出来,把一颗大星一颗小星铲掉,只留下三颗小星。一生知道后,无比后悔,和我说了经过。我笑着说:“都是爱砚之人,谁得到都一样。”我急切地要来观赏。燕客捧出砚台,只见砚台比马肝还红,像玉石一样酥润,背面隐约有白色纹路像玛瑙一样,刻着手指肚大小的细篆铭文,砚台表面三颗星星像弩眼一样突起,砚墨时没有声音,渐渐墨色沉下像是有烟升起。一生看傻了,嘴张得合不拢。燕客请我题字,我写道:“女娲炼天,不分玉石;鳌血芦灰,烹霞铸日;星河溷扰,参横箕翕。”

吴中绝技

吴中绝技：陆子冈之治玉，鲍天成之治犀，周柱之治嵌镶，赵良璧之治梳，朱碧山之治金银，马勋、荷叶李之治扇，张寄修之治琴，范昆白之治三弦子，俱可上下百年保无敌手。但其良工苦心，亦技艺之能事。至其厚薄深浅，浓淡疏密，适与后世赏鉴家之心力目力针芥相投，是岂工匠之所能办乎？盖技也而进乎道矣。

［译文］

吴中这个地方有很多绝活：陆子冈的玉石雕刻，鲍天成的犀角雕刻，周柱的镶嵌工艺，赵良璧的做木梳工艺，朱碧山的打造金银器首饰的技艺，马勋、荷叶李做扇子，张继修制作古琴，范昆白做三弦琴，可以保证前后百年都没人能比得过。他们的良好做工和精妙构思，都是胜在技艺上。但作品的厚薄深浅，浓淡疏密，刚好与后世鉴赏家的趣味、眼光相契合，又哪里是工匠们能左右的？这大概是鉴赏高于技艺吧。

濮仲谦雕刻

南京濮仲谦，古貌古心，粥粥若无能者，然其技艺之巧，夺天工焉。其竹器，一帚、一刷，竹寸耳，勾勒数刀，价以两计。然其所以自喜者，又必用竹之盘根错节，以不事刀斧为奇，则是经其手略刮磨之，而遂得重价，真不可解也。

仲谦名噪甚，得其一款，物辄腾贵。三山街润泽于仲谦之手者数十人焉，而仲谦赤贫自如也。于友人座间见有佳竹、佳犀，辄自为之；意偶不属，虽势劫之，利啖之，终不可得。

[译文]

南京濮仲谦，相貌质朴，心肠厚道，柔弱谦卑的样子像是无能之辈，但是他的手艺巧夺天工。他雕刻竹器，刻刀一扫一刷，小小竹子，简单刻画几刀，就可以卖几两银子。但是他最自以为得意的是选盘根错节的竹子，不用太多的刻画加工，只是用手稍稍刮划打磨，便可以卖出高价，真是不可思议。

仲谦声名大噪，他刻过字的器物，价格翻倍增长。三山街因他的作品得到好处的有几十人，但是仲谦赤贫却自得其乐。在朋友家见到好的竹子、犀牛角，总是不管不顾拿来雕刻。偶尔交往不顺心意，哪怕用权势强迫，用利益引诱，最终也得不到他的作品。

卷二

孔庙桧

己巳，至曲阜谒孔庙，买门者门以入。宫墙上有楼耸出，匾曰“梁山伯祝英台读书处”，骇异之。

进仪门，看孔子手植桧。桧历周、秦、汉、晋几千年，至晋怀帝永嘉三年而枯。枯三百有九年，子孙守之不毁，至隋恭帝义宁元年复生。生五十一年，至唐高宗乾封三年再枯。枯三百七十有四年，至宋仁宗康定元年再荣。至金宣宗贞祐三年罹于兵火，枝叶俱焚，仅存其干，高二丈有奇。后八十一年，元世祖三十一年再发。至洪武二十二年己巳，发数枝蓊郁；后十余年又落。摩其干，滑泽坚润，纹皆左纽，扣之作金石声。孔氏子孙恒视其荣枯以占世运焉。

再进一大亭，卧一碑，书“杏坛”二字，党怀英笔也。亭界一桥，洙、泗水汇此。过桥，入大殿，殿壮丽，宣圣及四配、十哲俱塑像冕旒。案上列铜鼎三、一牺、一象、一辟邪，款制遒古，浑身翡翠，以钉钉案上。阶下竖历代帝王碑记，独元碑高大，用风磨铜赑屃，高丈余。左殿三楹，规模略小，为孔氏家庙。东西两壁，用小木匾书历代帝王祭文。西壁之隅，高皇帝殿焉。庙中凡明朝封号，俱置不用，总以见其大也。

孔家人曰：“天下只三家人家：我家与江西张、凤阳朱而已。江西张，道士气；凤阳朱，暴发人家，小家气。”

[译文]

己巳年，我到曲阜拜谒孔庙，买通了看门人从大门进到里面。宫墙上耸立着一座阁楼，匾上写的是“梁山伯祝英台读书处”，我大吃一惊。

进入仪门，看到孔子亲自种的桧树。桧树历经周、秦、汉、晋几千年，到晋怀帝永嘉三年时枯萎。枯萎了三百零九年，后代们守护着没有毁掉，到隋恭帝义宁元年时复活。活了五十一年，到唐高宗乾封三年再度枯死。枯萎三百七十四年，到宋仁宗康定元年再度繁茂。到金宣宗贞祐三年饱受战火摧残，枝叶都被烧掉，只剩树干，高两丈多。又过去八十一年，元世祖三十一年再度生发。到洪武二十二年己巳年时，长出一些枝条，浓密茂盛；之后十余年又枯落了。摩擦树干，手感光滑结实不干枯。树干上的纹路都向左扭结，敲打时发出金石质地的声音。孔氏子孙一直看重树的荣枯，用它来占卜世道运势。

又进入一个大的亭子，卧着一座石碑，写有“杏坛”两个字，是党英的墨迹。亭子边上有一座桥，洙水和泗水在这里交汇。过了桥，进入大殿，大殿气势壮丽。孔子及众弟子都有塑像，穿着庄重的礼服。供案上排列着三只铜鼎、一座牺牲、一只石象、一只辟邪，款制遒劲古朴，通体翡翠的颜色，用钉子钉在案台上。台阶下面竖着历代帝王的碑记，只有元代的碑最高大，用风磨铜铸的赑屃驮着，有丈余高。左边大殿有三间房，规模略小，是孔氏家庙。东西两面墙上，用小木匾写着历代帝王的祭文。西壁一角，是祭祀高皇帝的殿堂。庙中所有明朝的封号都放置不用，以此显示孔氏家族势力强大。

孔家的人说：“天底下只有三家人家：就是我家和江西张家、凤阳朱家而已。江西张家，都是道士气；凤阳朱家，是暴发户，小家子气。”

孔林

曲阜出北门五里许，为孔林。紫金城，城之门以楼，楼上见小山一点正对东南者，峄山也。折而西，有石虎、石羊三四，在榛莽中。过一桥，二水汇，泗水也。享殿后有子贡手植楷。楷大小千余本，鲁人取为材，为棋枰。享殿正对伯鱼墓，圣人葬其子，得中气。由伯鱼墓折而右，为宣圣墓。去数丈，案一小山，小山之南为子思墓。数百武之内，父、子、孙三墓在焉。

“谯周云：孔子死后，鲁人就冢次而居者百有余家，曰‘孔里’。《孔丛子》曰：夫子墓茔方一里，在鲁城北六里泗水上。诸孔氏封五十余所，人名昭穆，不可复识。有碑铭三，兽碣俱在。《皇览》曰：弟子各以四方奇木来植，故多异树不能名。一里之中未尝产棘木、荆草。”紫金城外，环而墓者数千家，三千二百余年，子孙列葬不他徙，从古帝王所不能比隆也。

宣圣墓右有小屋三间，匾曰“子贡庐墓处”。盖自兖州至曲阜道上，时官以木坊表识，有曰“齐人归谨处”，有曰“子在川上处”，尚有义理；至泰山顶上乃勒石曰“孔子小天下处”，则不觉失笑矣。

[译文]

从曲阜北门出发五里多，是孔林。孔林被紫金城的城墙包围着，大门建成门楼的样子，越过门楼可以看到一点小山，门楼正对着东南方向的是峄山。转向西边，有三四只石虎、石羊，卧在杂乱的草木中。跨过一座桥，两条河流汇集注入泗水。享殿后面有子贡亲手种的黄连木。黄连木大大小小有千余棵，当地人拿来做材料、做棋枰。享殿正对着伯鱼墓，孔圣人把儿子葬在这里是为了得到中和之气。从伯鱼墓向右转，是宣圣墓。距离几丈远，有一座小山作为风水案头，小山南面是子思墓。数百步之内，父、子、孙三代墓都在这里。

谯周说:“孔子死后，鲁人沿着墓地居住的有百余家，称为‘孔里’。”《孔丛子》说:“孔夫子的墓地一里见方，在鲁城以北六里远的泗水旁。”这里有各位孔氏后人的坟墓有五十多座，坟墓按照左昭右穆排列，墓碑上的人名已经无法辨认。有三块碑铭连同刻着瑞兽的碑碣都在。《皇览》说:“弟子们都把各地的奇树种在这里，所以很多奇怪的树木叫不出名字。一里地范围内见不到棘木和荆草。”紫金城外，围着建造的坟墓有几千座，三千二百余年来，子孙安葬在这里从不迁走，这是自古至今的帝王们不能比拟的世代兴盛。

宣圣墓的右边有三间小屋，匾上写着“子贡庐墓处”。从兖州到曲阜的一路上，当时官府立木牌坊作标识，有的写“齐人归讙处”，有的写“子在川上处”，这还说得过去；到了泰山顶上，就刻石碑写“孔子小天下处”，这就不免让人感到好笑了。

燕子矶

燕子矶，余三过之。水势湁潗，舟人至此，捷捽抒取，钩挽铁缆，蚁附而上。篷窗中见石骨棱层，撑拒水际，不喜而怖，不识岸上有如许境界!

戊寅到京后，同吕吉士出观音门，游燕子矶，方晓佛地仙都，当面蹉过之矣。登关王殿，吴头楚尾，是侯用武之地，灵爽赫赫，须眉戟起。缘山走矶上，坐亭子，看江水潎洌，舟下如箭。折而南，走观音阁，度索上之。阁旁僧院，有峭壁千寻，碚礌如铁；大枫数株，蓊以他树，森森冷绿。小楼痴对，便可十年面壁。今僧寮佛阁，故故背之，其心何忍？是年，余归浙，闵老子、王月生送至矶，饮石壁下。

［译文］

燕子矶，我三次路过。它的水流湍急水花翻腾，撑船的人经过时，都动作敏捷，钩住铁缆，像蚂蚁一样攀附着向前。从船上窗子望出去，看见石头坚硬而峥嵘，耸立岸边，让人不会感到惊喜反而心生恐惧，没想到岸上有这样的景象。戊寅年我到南京后，和吕吉士从观音门出城，游览燕子矶。才知道这里是佛地仙都，而我几次当面错过了。登上关王殿，这里吴头楚尾，是春秋吴楚的用武之地，立时精神爽朗，心情开阔，眉目舒展。顺着山行走在燕子矶上，坐在亭子里，看见江水轻快急速地流淌，船只像箭飞快驶过。向南转，经过观音阁，扶着铁索攀爬上去。观音阁旁的僧院，有千寻峭壁耸立，岩石坚硬如铁；长着几株粗大的枫树，比别的树都茂盛，浓密冷绿；有小楼痴痴相对，就可以在此面壁修行十年。而僧房佛阁都偏偏故意背对着它，怎么忍心这样？这一年，我回浙江，闵老子、王月生送我到燕子矶，在石壁下饮酒为我送行。

鲁藩烟火

兖州鲁藩烟火妙天下。烟火必张灯，鲁藩之灯，灯其殿，灯其壁，灯其楹柱，灯其屏，灯其座，灯其宫扇伞盖。诸王公子、宫娥僚属、队舞乐工，尽收为灯中景物。及放烟火，灯中景物又收为烟火中景物。天下之看灯者，看灯灯外，看烟火者，看烟火烟火外，未有身入灯中、光中、影中、烟中、火中，闪烁变幻，不知其为王宫内之烟火，亦不知其为烟火内之王宫也。

殿前搭木架数层，上放“黄蜂出窠”“撒花盖顶”“天花喷礴”。四旁珍珠帘八架，架高二丈许，每一帘嵌孝、悌、忠、信、礼、义、廉、耻一大字。每字高丈许，晶映高明。下以五色火漆塑狮、象、橐驼之属百余头，上骑百蛮，手中持象牙、犀角、珊瑚、玉斗诸器，器中实“千丈菊”“千丈梨”诸火器，兽足蹑以车轮，腹内藏人，旋转其下。百蛮手中瓶花徐发，雁雁行行，且阵且走。移时，百兽口出火，尻亦出火，纵横践踏。端门内外，烟焰蔽天，月不得明，露不得下。看者耳目攫夺，屡欲狂易，恒内手持之。

昔者有一苏州人，自夸其州中灯事之盛，曰:“苏州此时有烟火，亦无处放，放亦不得上。”众曰:“何也？”曰:“此时天上被烟火挤住，无空隙处耳！”人笑其诞。于鲁府观之，殆不诬也。

[译文]

兖州鲁藩的烟火天下独绝。每当放烟火时都要张灯结彩，把灯笼挂在大殿上、墙壁上、楹柱上、屏风上、座椅上和宫扇伞盖上。各位王侯公子、宫女仆人、舞女乐手，都成了灯光中的景物。到了烟火燃起时，灯光中的景物又成为烟火中的景物。于是，四面八方来看灯的人，又看着灯外风景；看烟火的人，又看着烟火外的风景。所有人都沉浸在灯中、光中、影中、烟中、火中，四周光影闪烁，变幻多姿，搞不清身处王宫内的烟火中还是在烟火中的王宫里。

大殿前搭了几层木架，上面放着“黄蜂出巢”“撒花盖顶”“天花喷薄”等烟花。四面立着八架珍珠帘，架子有二丈多高，帘上分别写着“孝、悌、忠、信、礼、义、廉、耻”大字，每个字有一丈多高，晶莹明亮。在它的下方用五色火漆塑成狮子、大象、骆驼之类动物百余头，蛮夷之人骑在上面，手中拿着象牙、犀角、珊瑚、玉斗等器物，这些器物中藏着“千丈菊”“千丈梨”等火器，动物的脚上装着轮子，肚子里藏着人，在下面转动轮子，蛮夷手里的烟花慢慢燃放，像大雁一样队列整齐行进，一边列阵一边行走。走起来时，动物口中喷火，尾部也射出烟火，纷乱杂沓。端门内外，烟花覆盖了夜空，月光都不亮了，露水也不能滴落。观看的人所听所看都是烟花，每每看得如痴如狂，想抓住烟火。

从前有一个苏州人，自我夸耀苏州烟花灯火盛大，说:“在苏州，这时候就是有烟火，也没地方放，就是放了也升不到天上。”大家问:“为什么？”他说:“这时候天上烟火密密麻麻，没有地方了。”大家都笑他胡说。我从鲁府看烟火后才明白，那个人肯定没骗人。

朱云崍女戏

朱云崍教女戏，非教戏也，未教戏先教琴，先教琵琶，先教提琴、弦子、箫管。鼓吹歌舞，借戏为之，其实不专为戏也。郭汾阳、杨越公、王司徒女乐，当日未必有此。丝竹错杂，檀板清讴，入妙腠理，唱完以曲白终之，反觉多事矣。

西施歌舞，对舞者五人，长袖缓带，绕身若环，曾挠摩地，扶旋猗那，弱如秋药。女官内侍，执扇葆璇盖、金莲宝炬、纨扇宫灯二十余人，光焰荧煌，锦绣纷叠，见者错愕。

云老好胜，遇得意处，辄盱目视客；得一赞语，辄走戏房，与诸姬道之，偺出偺入，颇极劳顿。且闻云老多疑忌，诸姬曲房密户，重重封锁，夜犹躬自巡历。诸姬心憎之，有当御者，辄遁去，互相藏闪，只在曲房，无可觅处，必叱咤而罢。殷殷防护，日夜为劳，是无知老贱自讨苦吃者也，堪为老年好色之戒。

［译文］

朱云崃教女子唱戏，不是只教唱功。教戏前，先教弹琴，先教弹琵琶，先教提琴、弦子、箫、管、鼓吹、歌舞，借教戏的名义兼及其他，目的不只是教唱戏而已。郭子仪、杨素、王允家的女戏子，当时也未必有这样的待遇。丝竹之声袅袅，檀板轻敲，清歌宛转，直入人心，唱完再来一段念白结束，倒觉得有些画蛇添足。

表演西施舞时，一同表演的有五个人，长袖宽带，围着身体舞动像环绕一样，带子擦过地面，舞者轻盈转动婀娜多姿，娇弱得像秋天的芍药。扮成女官和内侍的有二十余人，拿着伞葆旋盖、金莲宝炬、纨扇宫灯，灿烂辉煌，锦绣纷呈，观者吃惊不已。

朱云崃好胜，遇到得意的一幕，总是瞪大眼睛望着看客；得到一句称赞，总会走到后台，说给各舞女听，出出进进，筋疲力尽。而且听说他猜疑心重，善妒，舞女们深居浅出，被重重封锁，夜晚他还亲自巡查，各舞女内心憎恨他。舞姬轮到侍寝时，总是逃开，藏在众人里，在深院之中，朱云崃找不到人，必定要大声呵斥才算完。朱云崃百般防护，为此日夜操劳，是没有自知之明的轻贱老头自讨苦吃，实在值得好色老人引以为戒。

绍兴琴派

丙辰，学琴于王侣鹅。绍兴存王明泉派者推侣鹅，学《渔樵回答》《列子御风》《碧玉调》《水龙吟》《捣衣》《环珮声》等曲。戊午，学琴于王本吾，半年得二十余曲:《雁落平沙》《山居吟》《静观吟》《清夜坐钟》《乌夜啼》《汉宫秋》《高山》《流水》《梅花弄》《淳化引》《沧江夜雨》《庄周梦》，又《胡笳十八拍》《普庵咒》等小曲十余种。

王本吾指法圆静，微带油腔。余得其法，练熟还生，以涩勒出之，遂称合作。同学者，范与兰、尹尔韬、何紫翔、王士美、燕客、平子。与兰、士美、燕客、平子俱不成，紫翔得本吾之八九而微嫩，尔韬得本吾之八九而微迂。余曾与本吾、紫翔、尔韬取琴四张弹之，如出一手，听者骇服。后本吾而来越者，有张慎行、何明台，结实有余而萧散不足，无出本吾上者。

［译文］

丙辰年，我向王侣鹅拜师学古琴。绍兴继承王明泉派衣钵的首推王侣鹅，我向他学《渔樵问答》《列子御风》《碧玉调》《水龙吟》《捣衣环佩声》等曲目。戊午年，拜师王本吾学琴，半年时间，学到二十首古曲，它们是:《雁落平沙》《山居吟》《静观吟》《清夜坐钟》《乌夜咏》《汉宫秋》《高山流水》《梅花弄》《淳化引》《沧江夜雨》《庄周梦》等，还有《胡笳十八拍》《普庵咒》等十余种小曲。

王本吾弹琴指法圆融沉静，有些洒脱活泼。我学到了他的手法，练熟后又恢复生涩，不炫技，用质朴的手法演奏，符合曲子的意境。一同学琴的有范与兰、尹尔韬、何紫翔、王士美、燕客、平子。与兰、士美、燕客、平子都没有学成，紫翔学得本吾琴技八九成但仍显稚嫩，尔韬学到本吾八九成可是有些死板。我曾经和本吾、紫翔、尔韬用四张琴合奏，好像是一个人弹的，听的人都大吃一惊。在王本吾之后来越地教授古琴的，有张慎行、何明台，他们琴法都平淡有余自然洒脱不足，没有超过本吾的人。

花石纲遗石

越中无佳石。董文简斋中一石，磊块正骨，窋窕数孔，疏爽明易，不作灵谲波诡，朱勔花石纲所遗，陆放翁家物也。文简竖之庭除，石后种剔牙松一株，辟咡负剑，与石意相得。文简轩其北，名“独石”，轩石之，轩独之，无异也。石篑先生读书其中，勒铭志之。

大江以南花石纲遗石，以吴门徐清之家一石为石祖。石高丈五，朱勔移舟中，石盘沉太湖底，觅不得，遂不果行。后归乌程董氏，载至中流，船复覆。董氏破资募善人水者取之。先得其盘，诧异之，又溺水取石，石亦旋起。时人比之延津剑焉。后数十年，遂为徐氏有。再传至清之，以三百金竖之。石连底高二丈许，变幻百出，无可名状。大约如吴无奇游黄山，见一怪石，辄瞋目叫曰："岂有此理！岂有此理！"

［译文］

绍兴一带没有好石头。董文简家中有一块石头，耸立的石块坚实方正，孔洞凸出，疏朗明快，没有怪异神秘的样貌，是朱勔搜寻花石纲的遗物，曾归陆游家所有。文简把它立在院子的台阶上，在石头后面种了一棵剔牙松，就好像有人抱着小儿侧身交谈，和石头相映成趣。文简在石头北面建了一座小轩，叫"独石轩"，石轩因石得名毫无异议。石篑先生在轩中读书，刻铭文记述这件事。

长江以南花石纲遗留的石头，以吴门徐清之家的一块为最上乘。石头高一丈五尺，朱勔把它移到船上，底下的石盘沉到了太湖里，找不到，于是没有运走。后来石头归了乌程董氏，用船装载行到太湖中，船又翻了。董氏花钱招募善于潜水的人入水打捞。先找到了石盘，很吃惊，又沉入水里找石头，石头也很快打捞上来。当时人们都觉得简直和延津剑一样传奇。后来几十年，石头归徐氏所有。再后来传到清之这一辈，他用三百两黄金把石头立起来。石头连底座有两丈多高，富于变幻，无法形容。大约像吴无奇游黄山，见到怪石，便瞪大眼睛大叫："岂有此理！岂有此理！"

焦山

仲叔守瓜洲，余借住于园，无事辄登金山寺。风月清爽，二鼓犹上妙高台，长江之险，遂同沟浍。

一日，放舟焦山，山更纡谲可喜。江曲澴山下，水望澄明，渊无潜甲。海猪、海马，投饭起食，驯扰若豢鱼。看水晶殿，寻《瘗鹤铭》，山无人杂，静若太古。回首瓜洲烟火城中，真如隔世。

饭饱睡足，新浴而出，走拜焦处士祠。见其轩冕黼黻，夫人列坐，陪臣四，女官四，羽葆云罕，俨然王者。盖土人奉为土谷，以王礼祀之。是犹以杜十姨配伍髭须，千古不能正其非也。处士有灵，不知走向何所？

[译文]

我二叔镇守瓜州的时候，我借住在于园，没事情的时候就去登金山寺。风清月爽，二鼓时候，我还登上妙高台，站在那里四处望，长江天险，渺小得就像田间水道。

一天，我乘船到焦山，山道曲折让人开心。长江在山下曲折环绕，江水放眼望去透彻清亮，虽然水深但可以看清各种动物。人们把饭扔到江里，海猪和海马就争相抢吃，驯顺得像是家养的鱼一样。我观赏水晶殿，寻访瘗鹤铭石碑，山间幽静无人，宁静得像太古时代。回首瓜州，城中人间烟火旺盛，真像另一个世界。

吃饱睡足，洗了澡，去拜访焦处士祠。见他的塑像衣冠庄重华美，他的夫人坐在旁边，还有四个陪臣、四个女官。羽毛装饰的伞盖和旌旗齐备，就像是帝王一样威风凛凛。大概当地人把他奉为土地神和谷神，用祭祀帝王的规格祭祀他。这就像把杜十姨许配给伍髭须，千古奇冤啊。处士如果在天有灵，不知道会逃到哪里？

表胜庵

炉峰石屋，为一金和尚结茅守土之地，后住锡柯桥融光寺。大父造表胜庵成，迎和尚还山住持。命余作启，启曰：

伏以丛林表胜，惭给孤之大地布金；天瓦安禅，冀宝掌自五天飞锡。重来石塔，戒长老特为东坡；悬契松枝，对回师却逢西向。去无作相，住亦随缘。

伏惟九里山之精蓝，实是一金师之初地。偶听柯亭之竹笛，留滞人间；久虚石屋之烟霞，应超尘外。譬之孤天之鹤，尚眷旧枝；想彼弥空之云，亦归故岫。况兹胜域，宜兆异人。了住山之夙因，立开堂之新范。护门容虎，洗钵归龙。茗得先春，仍是寒泉风味；香来破腊，依然茅屋梅花。半月岩似与人猜，请大师试为标指；一片石政堪对语，听生公说到点头。敬藉山灵，愿同石隐。倘静念结远公之社，定不攒眉；若居心如康乐之流，自难开口。立返山中之驾，看回湖上之船。仰望慈悲，俯从大众。

［译文］

香炉峰禅院曾是一金大师搭建茅草房居住过的地方，后来大师住到柯桥的融光寺。我祖父建成了表胜庵，恭迎一金和尚回到老地方住持。祖父命我写邀请信，启文是这样的：

晚辈恭敬禀告已建成表胜庵，惭愧的是不能像给孤独舍那样黄金铺地；天瓦山房可以安静打坐，希望大师像宝掌和尚云游天下后来这里住持。戒弼长老重回西湖石塔住持，是被东坡的诚意邀请打动；玄奘大师取经回国感动得松枝指向东面，万回大师却要西向万里探望兄长，当天往返给父母报平安，感动天地。离去时不造作，住下也是应众生之缘施行教化。

晚辈还要恭敬禀告，九里山佛寺，正是您最初住持的地方。你偶然听到柯亭的竹笛声，才停留在人间。石屋烟霞很久无人欣赏了，念此大师该跳出尘外回山住持了。好像孤独在天空飞翔的鹤，还会眷恋旧的树枝；想象那漫天飘浮的云彩，也会回到生成的山洞。况且表胜胜境，充满了祥兆，正可以了却您曾住此山的前缘，树立开坛说法的新风范。您的功德威望之高，值得猛虎为您守护山门，神龙为您洗钵。您品的早春香茶，还是当年清冽泉水的滋味；岁末暗香浮动，还是来自当年茅屋边的梅花。半月岩好像和人猜谜，期盼大师指点迷津；一片石可以与人对话，听您的教诲一定会点头称是。凭借山的灵性，希望和石头一起隐居。倘若您意念清净想效法慧远大师建立白莲社，对我的邀请一定不会皱眉头；如果我存有谢灵运攀附慧远大师那样的意念，我是不会为此请求您。我盼望您马上大驾回山，掉转您行在湖上的船头，望您仰望佛祖的慈悲，俯身听从大众意愿，来表胜庵住持教化芸芸众生。

梅花书屋

陔萼楼后老屋倾圮，余筑基四尺，造书屋一大间。旁广耳室如纱橱，设卧榻。前后空地，后墙坛其趾，西瓜瓤大牡丹三株，花出墙上，岁满三百余朵。坛前西府二树，花时积三尺香雪。前四壁稍高，对面砌石台，插太湖石数峰。西溪梅骨古劲，滇茶数茎，妩媚其旁。梅根种西番莲，缠绕如缨络。窗外竹棚，密宝襄盖之。阶下翠草深三尺，秋海棠疏疏杂入。前后明窗，宝襄、西府，渐作绿暗。余坐卧其中，非高流佳客，不得辄入。慕倪迂"清闷"，又以"云林秘阁"名之。

[译文]

陔萼楼后面的老房子倒塌了，我修筑了四尺高的地基，建了一大间书屋。在旁边扩建了小房间，用纱帐围绕，里面设卧榻。书屋前后有空地，沿后墙地基砌了花坛，种了三株西瓜瓤大牡丹，花比墙还高，每年能开三百余朵。花坛前种了两棵西府海棠，开花时像堆积了三尺香雪。花坛前面四壁有些高，在对面砌了石台，上面插了几峰太湖石作假山。旁边种着苍劲古拙的西溪梅花，还有几株云南茶花，它们在太湖石旁身姿妩媚。梅花下面种西番莲，像璎珞一样缠绕着梅花。窗外的竹棚，密密层层地覆盖保护着。台阶下绿草有三尺深，稀疏种着秋海棠。书屋前后窗子敞亮，宝相花、西府海棠开得茂盛时遮住阳光，渐渐眼前一片绿色。我在里面消闲休息，不是高人雅士，一律谢绝进入。我羡慕倪瓒以"清闷"命名他的书屋，所以把它命名为"云林秘阁"。

不二斋

不二斋，高梧三丈，翠樾千重，墙西稍空，蜡梅补之，但有绿天，暑气不到。后窗墙高于槛，方竹数竿，潇潇洒洒，郑子昭“满耳秋声”横披一幅。天光下射，望空视之，晶沁如玻璃、云母，坐者恒在清凉世界。

图书四壁，充栋连床；鼎彝尊罍，不移而具。余于左设石床竹几，帷之纱幕，以障蚊虻；绿暗侵纱，照面成碧。夏日，建兰、茉莉，芗泽浸人，沁入衣裾。重阳前后，移菊北窗下，菊盆五层，高下列之，颜色空明，天光晶映，如沉秋水。冬则梧叶落，蜡梅开，暖日晒窗，红炉毾㲪。以昆山石种水仙，列阶趾。春时，四壁下皆山兰，槛前芍药半亩，多有异本。余解衣盘礴，寒暑未尝轻出。——思之如在隔世。

［译文］

不二斋的屋旁种着高大的梧桐有三丈高，青翠的树荫重重叠叠分外浓密。墙的西边有些空地，于是种植腊梅填补空缺，这样绿荫遮蔽，抵挡了夏日的暑气。后窗那里有一段比窗栏高的墙，窗外挺立着几竿方竹，姿态潇洒，屋内挂着一幅郑子昭写的“满耳秋声”横批。光线射进来时，透过光线望去晶莹沁润得像玻璃、云母，身处其中像沉浸在清凉世界里。

房间四壁都是图书，如汗牛充栋，床上也摆满书；各种器具摆设都安放得当。我在书斋左边放置了石床和竹几，用纱幕做帷幔，防止蚊虫侵扰；浓绿色透过纱幔，照在面前像碧玉一样。夏天时，建兰、茉莉的香气弥漫，连衣服上都带着香气。重阳节前后，我把菊花移植到北窗下，花盆摞成五层，高低错落，颜色干净明快，光线透明闪耀，像沉浸在秋水里。冬天梧桐叶掉落，腊梅开放，和暖的太阳照进窗子，屋内燃着通红的火炉，铺着细毛毡。我在昆山石上种水仙，沿着台阶排列。春天时，四壁下面都是山兰，门前种着半亩芍药，有好多珍稀品种。我解开衣服席地而坐，冬夏很少走出书斋，现在想起来恍如隔世。

砂罐锡注

宜兴罐以龚春为上，时大彬次之，陈用卿又次之。锡注以王元吉为上，归懋德次之。夫砂罐，砂也；锡注，锡也。器方脱手，而一罐一注价五六金，则是砂与锡与价，其轻重正相等焉，岂非怪事！然一砂罐、一锡注，直跻之商彝周鼎之列而毫无惭色，则是其品地也。

［译文］

宜兴陶器，出自龚春的为最上乘，时大彬的差一些，陈用卿的更差。锡酒壶，出自王元吉的为最上乘，归懋德的差一些。陶器，原料是陶土；锡酒壶，原料是锡。器物卖出，一件陶器、一件锡酒壶都要五六两银子，价格堪比商彝、周鼎而毫不逊色，实在是因为它们的品位和质地当之无愧。

沈梅冈

沈梅冈先生许相嵩，在狱十八年。读书之暇，旁攻匠艺，无斧锯，以片铁日夕磨之，遂铦利。得香楠尺许，琢为文具一，大匣三、小匣七、壁锁二；棕竹数片，为箑一，为骨十八，以笋、以缝、以键，坚密肉好，巧匠谢不能事。

夫人丐先文恭志公墓，持以为贽。文恭拜受之，铭其匣曰："十九年，中郎节，十八年，给谏匣。节邪匣邪同一辙。"铭其箑曰："塞外毡，饥可餐；狱中箑，尘莫干。前苏后沈名班班。"梅冈制，文恭铭，徐文长书，张应尧镌，人称四绝，余珍藏之。

又闻其以粥炼土，凡数年，范为铜鼓者二，声闻里许，胜暹罗铜。

［译文］

沈梅冈先生因为忤逆奸相严嵩，被囚禁十八年。他在狱中除读书之外，还研习了手工技艺。没有斧子和锯，他用铁片日夜打磨，终于变得锋利。得到一尺多长的香楠木，把它雕琢成一件文具、三个大匣子、七个小匣子、两把壁锁；得到几片棕竹，就做成竹扇，有十八根扇骨，通过榫、缝、轴，把中间的孔和边缘都做得坚实、细密，连业内能工巧匠都自愧不如。

沈夫人请求我的曾祖父文恭先生为沈先生作墓志铭，拿着沈先生狱中作品为见面礼，文恭先生恭敬地行礼后接受了。在匣子上刻字道："十九年，苏武持汉节；十八年，沈梅冈制作匣子。节、匣如出一辙。"在扇子上刻字道："塞外的毡子，饥饿时可以充饥；狱中的扇子，灰尘不能玷污。前有苏武后有沈梅冈英名彪炳史册。"匣子和扇子由沈梅冈制作，文恭先生撰写铭文，徐文长书写铭文，张应尧镌刻，被人们称为四绝，我一直珍藏着。

又听说他用黏稠的米粥拌和泥土，研制数年，制成模具，浇铸出两只铜鼓，声音能传出几里，超过暹罗产的铜鼓。

岣嵝山房

岣嵝山房，逼山，逼溪，逼韬光路，故无径不梁，无屋不阁。门外苍松傲睨，蓊以杂木，冷绿万顷，人面俱失。石桥低磴，可坐十人。寺僧刳竹引泉，桥下交交牙牙，皆为竹邮。

天启甲子，余键户其中者七阅月，耳饱溪声，目饱清樾。山上下多西栗、边笋，甘芳无比。邻人以山房为市，蓏果、羽族日致之，而独无鱼。乃潴溪为壑，系巨鱼数十头。有客至，辄取鱼给鲜。

日晡，必步冷泉亭、包园、飞来峰。一日，缘溪走看佛像，口口骂杨髡。见一波斯坐龙象，蛮女四五献花果，皆裸形，勒石志之，乃真伽像也。余椎落其首，并碎诸蛮女，置溺溲处以报之。寺僧以余为椎佛也，咄咄作“怪事”，及知为杨髡，皆欢喜赞叹。

[译文]

岣嵝山房，靠近山，靠近溪水，靠近韬光路，所以每条路都建有桥梁，每间房都建有阁楼。山房门外苍松骄傲地斜视，各色杂木苍翠蓊郁，树荫浓密，以致透过树荫看不见人的容貌。石桥的矮台阶，可以坐十几人。庙里的和尚把竹子劈开引来泉水，石桥下面犬牙交错布满竹节。天启甲子年，我在这里足不出户度过了七个月，耳朵听够了溪水的声音，眼睛饱览了清凉的绿荫。

山上山下盛产西栗和鞭笋，无比地甘甜美味。周围的人在山房附近形成集市，瓜果、禽鸟每天都在这里交易，却单单没有鱼。我就堵住溪水形成水池，在里面放养了几十条大鱼。有客人来，就捞出鱼来做鲜活的食材。下午三五点钟，一定步行到冷泉亭、包园、飞来峰散步。

一天，我顺着溪流散步沿途观看佛像，口里不断骂着杨髡。看见一座波斯人骑着龙象的塑像，有四五个蛮夷女子给他献花果，都裸露身体，石碑记录这是杨髡的塑像。我用椎子敲掉塑像的头颅，还砸碎了各个蛮夷女子，放到茅厕里以此作为报复。和尚认为我毁坏佛像，是咄咄作怪，等到知道是杨髡的塑像，都高兴地赞叹我的举动。

三世藏书

余家三世积书三万余卷。大父诏余曰:“诸孙中惟尔好书，尔要看者，随意携去。”余简太仆、文恭、大父丹铅所及有手泽存焉者，汇以请。大父喜，命舁去，约二千余卷。天启乙丑，大父去世，余适往武林，父、叔及诸弟、门客、匠指、臧获、巢婢辈乱取之，三代遗书，一日尽失。

余自垂髫聚书四十年，不下三万卷。乙酉避兵入剡，略携数簏随行，而所存者，为方兵所据，日裂以吹烟，并舁至江干，籍甲内挡箭弹，四十年所积，亦一日尽失。此吾家书运，亦复谁尤!

余因叹古今藏书之富，无过隋、唐。隋嘉则殿分三品，有红琉璃、绀琉璃、漆轴之异。殿垂锦幔，绕刻飞仙。帝幸书室，践暗机，则飞仙收幔而上，橱扉自启;帝出，闭如初。隋之书计三十七万卷。唐迁内库书于东宫丽正殿，置修文、著作两院，学士得通籍出入。太府月给蜀都麻纸五千番，季给上谷墨三百三十六丸，岁给河间、景城、清河、博平四郡兔千五百皮为笔，以甲、乙、丙、丁为次。唐之书计二十万八千卷。我明中秘书不可胜计，即《永乐大典》一书，亦堆积数库焉。余书直九牛一毛耳，何足数哉！

[译文]

我家三代人积累的藏书有三万余卷。祖父对我说："所有的孙辈中只有你爱读书，你想看的书，随意拿走。"我挑选高祖、曾祖、祖父校订过留有墨迹的书，汇到一起请祖父过目，祖父大喜，命令我把书抬走，大约有两千余卷。天启乙丑年，祖父去世，我正好去杭州，我的叔叔、弟弟、门客、工匠、奴婢胡乱拿取，三代藏书在一天内都丢失了。

我从幼时开始收集书，前后四十年，藏书不下三万卷。乙酉年为躲避战乱逃到剡县，仅仅带了几箱书随行，没带走的，都被方国安的兵霸占，每天撕下来当柴火烧，还抬到江边，把书塞进护甲里，抵挡飞箭流弹，四十年积累的藏书，也在一天内都失去了。这是我家藏书的命运，还有比这更悲惨的吗？

我因此感叹古今以来藏书最丰富的，比不过隋、唐。隋朝嘉则殿的藏书殿分为三等，藏书有红琉璃、绀琉璃、漆轴的分别。藏书殿垂着锦幔，环绕四周雕刻着飞仙。皇帝亲临书房，脚踩暗藏机关，飞仙就向上收起锦幔，书橱的门自动开启；皇帝出来后，门关闭如初。隋朝的书有三十七万卷。唐朝把内库的书迁到东宫丽正殿，设置修文、著作两院学士，要经过通籍才可以进出。太府每月给两院提供五千番蜀地的麻纸，每季度提供上谷出产的墨三百三十六块，每年提供河间、景城、清河、博平四郡产的一千五百张兔皮做笔。按照甲、乙、丙、丁次序为书籍编目。唐朝的书有二十八万七千卷。我大明朝藏书不计其数，仅《永乐大典》一书，就堆积了几间书库。我的书比起来不过九牛一毛，不值得说!

卷三

丝社

越中琴客不满五六人，经年不事操缦，琴安得佳？余结丝社，月必三会之。有小檄曰：

中郎音癖，“清溪弄”三载乃成；贺令神交，《广陵散》于今不绝。器由神以合道，人易学而难精。幸生岩壑之乡，共志丝桐之雅。清泉磐石，援琴歌《水仙》之操，便足怡情；涧响松风，三者皆自然之声，正须类聚。偕我同志，爰立琴盟；约有常期，宁虚芳日。杂丝和竹，用以鼓吹清音；动操鸣弦，自令众山皆响。非关匣里，不在指头，东坡老方是解人；但识琴中，无劳弦上，元亮辈正堪佳侣。既调商角，翻信肉不如丝；谐畅风神，雅羡心生于手。从容秘玩，莫令解秽于花奴；抑按盘桓，敢谓倦生于古乐。共怜同调之友声，用振丝坛之盛举。

［译文］

越中会弹古琴的不超过五六人，长时间不操弄琴弦，琴技怎么会好？我组织了丝社，每月约定聚集三次。为此我写了一篇小檄文说：

蔡中郎酷爱音律，三年谱成《清溪弄》；贺思令受嵇康指点，《广陵散》传承千年不绝。要把心神注入乐器才能得道，人学琴容易，但要领会精髓很难。我们有幸生在山峦溪谷之地，都追求古琴的优雅。清泉磐石旁，弹奏琴歌《水仙》，可以让心情怡悦。流水声、山涧松涛声、琴声，三者都是自然的声音，都一样美好。与和我有共同志向的人相约，以琴结盟，约定经常聚会，宁可虚度美好时光来切磋琴技。丝竹杂合，演奏清音一曲；弹奏琴弦，满山回响。琴声悠扬，不完全依赖琴和指法，苏东坡是明白这个道理的人；领悟琴曲的内涵，不必抚弄琴弦，陶渊明是琴音的知心伴侣。演奏起来，才相信乐曲比歌声美妙；弹奏时风采神态和谐舒畅，真羡慕演奏者能用手表达心声。从容弹奏，秘密赏玩，相信古琴的高雅；来回抚按着琴弦，谁敢说厌倦古乐的魅力。我们共同珍惜爱琴的情意，以此作为振兴丝坛的盛举。”

南镇祈梦

万历壬子，余年十六，祈梦于南镇梦神之前，因作疏曰：

爰自混沌谱中，别开天地；华胥国里，早见春秋。梦两楹，梦赤舄，至人不无；梦蕉鹿，梦轩冕，痴人敢说。惟其无想无因，未尝梦乘车入鼠穴，捣齑啖铁杵；非其先知先觉，何以将得位梦棺器，得财梦秽矢？正在恍惚之交，俨若神明之赐。某也躨跜偃潴，轩翥樊笼，顾影自怜，将谁以告？为人所玩，吾何以堪！一鸣惊人，赤壁鹤耶？局促辕下，南柯蚁耶？得时则驾，渭水熊耶？半榻蘧除，漆园蝶耶？神其诏我，或寝或吪；我得先知，何从何去。择此一阳之始，以祈六梦之正。功名志急，欲搔首而问天；祈祷心坚，故举头以抢地。轩辕氏圆梦鼎湖，已知一字而有一验；李卫公上书西岳，可云三问而三不灵。肃此以闻，惟神垂鉴。

[译文]

万历壬子年，我十六岁，向南镇梦神祈梦之前，为这件事作了疏，疏文是这样写的：

自从混沌初开，开辟了新的天地，在华胥国的梦幻中，早就预见了天下大势。梦到两根柱子，梦到红色鞋子，这是再圣明的人也会遇到的事；梦到蕉叶覆盖的鹿，梦到车辆和冕服，再痴傻的人也敢炫耀。没有想法没有因由，就不会梦见坐车进入鼠穴，捣碎东西吃下铁杵；如果没有先知先觉，怎么会即将升官时梦见棺材，要发财时梦见粪便，在恍恍惚惚前途不明朗时，梦到这些好像神明恩赐。我应该在泥潭跋涉，还是冲出樊笼？我顾影自怜，向谁诉说？被人愚弄，我怎么忍受！我是要一鸣惊人，像赤壁飞鹤一样吗？还是要委屈在车辕下，像南柯蚂蚁？我应该遇到时机就挺身而出，像西伯王梦到熊一样？还是应该只有半张粗席依然快乐，像庄周梦蝶一样？神明告诉我吧，是等待还是出击；我能先知先觉，就知道何去何从。我选在这个冬至的日子来求梦的指引。我志在早日获得功名，想抬头叩问神明。诚心祈祷，所以用头撞地膜拜。轩辕帝铸鼎圆梦，早就得到暗示；李卫公上书西岳，却没有得到神灵点拨。我恭敬写下这些传闻，希望神明垂怜明鉴。

禊泉

惠山泉不渡钱塘，西兴脚子挑水过江，喃喃作“怪事”。有缙绅先生造大父，饮茗大佳，问曰：“何地水？”大父曰：“惠泉水。”缙绅先生顾其价曰：“我家逼近卫前，而不知打水吃！切记之。”董日铸先生常曰：“浓、热、满三字尽茶理，陆羽《经》可烧也！”两先生之言，足见绍兴人之村之朴。

余不能饮潟卤，又无力递惠山水。甲寅夏，过斑竹庵，取水啜之，磷磷有圭角，异之。走看其色，如秋月霜空，噀天为白；又如轻岚出岫，缭松迷石，淡淡欲散。余仓卒见井口有字画，用帚刷之，“禊泉”字出，书法大似右军，益异之。试茶，茶香发。新汲少有石腥，宿三日气方尽。辨禊泉者无他法，取水入口，第挢舌舐腭，过颊即空，若无水可咽者，是为禊泉。

好事者信之，汲日至，或取以酿酒，或开禊泉茶馆，或瓮而卖，及馈送有司。董方伯守越，饮其水，甘之，恐不给，封锁禊泉，禊泉名日益重。会稽陶溪、萧山北干、杭州虎跑，皆非其伍，惠山差堪伯仲。在蠡城，惠泉亦劳而微热，此方鲜磊，亦胜一筹矣。

长年卤莽，水递不至其地，易他水，余笞之。詈同伴，谓发其私，及余辨是某地某井水，方信服。昔人水辨淄渑，侈为异事。诸水到口，实实易辨，何待易牙？余友赵介臣亦不余信，同事久，别余去，曰：“家下水实进口不得，须还我口去。”

［译文］

惠山的泉水流不到钱塘江对岸，西兴的挑夫挑水过江，嘴里小声嘟囔着这件奇怪的事。有个缙绅造访我祖父，对我家待客的茶很满意，问道：“用哪里的水泡茶？”祖父说：“是惠泉的水。”缙绅听错了，转头对他的仆人吩咐：“我家离卫前近，却不知道吃那里的水好，一定要记住。”董日铸先生曾经说过：“浓、热、满三个字可以说透茶的精妙，陆羽的《茶经》可以烧掉了。”两位先生的话，足以看出绍兴人的乡土本色和质朴。

我不能喝咸水，又没办法喝到惠泉水。甲寅年夏天，我路过斑竹庵，打上井水慢饮，水清凉甘冽有回味，我很诧异。走过去看，井水颜色像秋月挂在有霜雾的天上，把天都喷成了白色；又像轻盈的云彩飘出山岫，缭绕着树和石头，淡淡的像要散去。我仓促中见到井口有字迹，用扫帚刷去尘土，“禊泉”两字显现，书法近似于王羲之，我更感到奇怪。试试用水泡茶，茶香味飘出来。刚打上来的水有一点点石头的腥气，存放三天气味就没有了。分辨禊泉没有其他办法，要含一口水，慢慢翘起舌头抵住上腭，水很快就流进喉咙，好像没有喝过一样，这就是禊泉。

好事的人相信我的话，都去取水，有人取水酿酒，有人开了禊泉茶馆，有人把水装在瓮里出售，甚至馈赠官员。董方伯任越州布政使，喝了禊泉水，认为它甘甜，怕供应不上他享用，就封锁了禊泉，禊泉的名气越来越大。会稽的陶溪泉、萧山的北干泉、杭州的虎跑泉，都不能和它比，只有惠山泉不相上下。在绍兴，惠泉水取用烦劳而且微微发热，禊泉水新鲜透明，略胜一筹。

我家长工做事鲁莽草率，没有取禊泉水，换成其他地方的水，我责罚了他，他骂同伴，认为同伴揭发了他的秘密。直到我分辨出他用的是哪里哪口井水时，他才信服。过去人们可以分辨淄水、渑水，被夸张成神奇的事。各种水喝下去，真的很好辨别，何必劳烦厨神易牙？我的朋友赵介臣也不相信我，我和他同事很久，他和我告别要离开时说：“我家的水实在不好喝，你要还我原来的口味，我才能回家。”

兰雪茶

日铸者，越王铸剑地也，茶味棱棱有金石之气。欧阳永叔曰:“两浙之茶，日铸第一。”王龟龄曰:“龙山瑞草，日铸雪芽。”日铸名起此。京师茶客，有茶则至，意不在雪芽也。而雪芽利之，一如京茶式，不敢独异。

三峨叔知松萝焙法，取瑞草试之，香扑冽。余曰:“瑞草固佳，汉武帝食露盘，无补多欲；日铸茶薮，‘牛虽瘠偾于豚上’也。”遂募歙人入日铸。杓法、掐法、挪法、撒法、扇法、炒法、焙法、藏法，一如松萝。他泉瀹之，香气不出，煮禊泉，投以小罐，则香太浓郁。杂入茉莉，再三较量，用敞口瓷瓯淡放之；候其冷，以旋滚汤冲泻之。色如竹箨方解，绿粉初匀，又如山窗初曙，透纸黎光。取清妃白，倾向素瓷，真如百茎素兰同雪涛并泻也。雪芽得其色矣，未得其气，余戏呼之“兰雪”。

四五年后，“兰雪茶”一哄如市焉。越之好事者不食松萝，止食兰雪。兰雪则食，以松萝而纂兰雪者亦食，盖松萝贬声价俯就兰雪，从俗也。乃近日徽歙间松萝亦名兰雪，向以松萝名者，封面系换，则又奇矣。

［译文］

日铸山是越王铸剑的地方。茶的味道有金属的寒气。欧阳永叔说:“江浙的茶叶，日铸的茶排第一。”王龟龄说:“龙山瑞草，日铸雪芽。”日铸茶的名气由此传播。京城茶商，是冲着茶叶来的，不关注雪芽的内在品质。而雪芽要卖得好，就要像京茶的制作方式一样，不能特立独行。

我三叔知道松萝茶的炒茶方法，他用瑞草做实验，香气扑面、清冽。我说:“瑞草当然好，它像汉武帝饮用的仙露，无法满足大众需求；日铸茶产量大，会像《左传》说的‘牛虽瘠，偾于豚上’，一定会研制出好茶。”于是招募歙县人来到日铸。把各种制茶方法像扚法、掐法、挪法、撒法、扇法、炒法、焙法、藏法都用上，像制作松萝茶一样。用其他的泉水煮，香气出不来，用禊泉水煮，放在小罐里，茶香非常浓郁。掺入茉莉花，多次比较试验，发现用敞口瓷瓯慢慢把茶放到冷却，再用滚开的水冲泡，茶色就像笋皮刚刚脱落，绿色均匀；又像山间房屋窗口曙光通过窗纸照进来。取来清妃白的杯子，茶水倒进素瓷杯，真像无数素雅的兰花和雪涛倾泻而下。雪芽的称呼描绘了它的色泽，没有说到香气，我戏称他“兰雪”。

四五年后，“兰雪茶”上市，声名大噪。越州好茶的人不喝松萝茶，只喝兰雪茶。兰雪茶要喝，松萝掺杂兰雪也要喝，大概是松萝自贬身价屈就兰雪，适应大众需求。以至于最近安徽歙县那里把松萝也称作兰雪，原来的松萝茶，都换了包装，真是奇怪的事。

白洋潮

故事三江看潮，实无潮看，午后喧传曰:“今年暗涨潮。”岁岁如之。戊寅八月，吊朱恒岳少师，至白洋，陈章侯、祁世培同席。海塘上呼看潮，余遄往，章侯、世培踵至。

立塘上，见潮头一线，从海宁而来，直奔塘上。稍近，则隐隐露白，如驱千百群小鹅，擘翼惊飞。渐近喷沫，冰花蹴起，如百万雪狮蔽江而下，怒雷鞭之，万首镞镞，无敢后先。再近，则飓风逼之，势欲拍岸而上。看者辟易，走避塘下。潮到塘，尽力一礴，水击射，溅起数丈，着面皆湿。旋卷而右，龟山一挡，轰怒非常，炮碎龙湫，半空雪舞。看之惊眩，坐半日，颜始定。先辈言：浙江潮头自龛、赭两山漱激而起。白洋在两山外，潮头更大，何耶？

[译文]

按以往惯例，到三江口是没有大潮可看的。午后就有人喧闹传言："今年会悄悄涨潮。"每年都是这样。

戊寅年八月，我到白洋吊唁朱恒岳少帅，陈章侯、祁世培和我在一起。海滩上传来呼喊让人们去看潮，我急忙赶过去，章侯、世培也跟着到了。站在塘上，只见潮头像一条线，从海宁方向涌来，直接奔向塘上。潮头稍稍近了，就隐隐露出白色，像被驱赶的千百群小鹅，张开翅膀惊慌地飞起。渐渐靠近，潮水喷涌泡沫，激起冰花，如同百万头雪狮布满江面长驱而下，狮子像被惊雷鞭策，百万头敏捷疾驶，争先恐后。再近一些，就像被飓风逼迫，潮水势头要拍岸而上。看潮的人后退逃避到塘下。潮水到了海塘，用尽力气撞击堤岸，水花击射，溅起数丈高，看潮人脸上都被打湿了。潮头立刻右转，被龟山挡住，轰然大怒，像炮弹击碎了龙湫瀑布，水花在半空中像雪一样飘舞。看得人心惊目眩，休息一会儿，才定下神来。先辈说，浙江海潮是从龛山、赭山冲刷激荡而生成。白洋离两山很远，潮头却更大，怎么回事呢？

阳和泉

禊泉出城中，水递者日至。臧获到庵借炊，索薪、索菜、索米，后索酒、索肉；无酒肉，辄挥老拳。僧苦之。无计脱此苦，乃罪泉，投之刍秽，不已；乃决沟水败泉，泉大坏。张子知之，至禊井，命长年浚之。及半，见竹管积其下，皆黧胀作气；竹尽，见刍秽，又作奇臭。张子淘洗数次，俟泉至，泉实不坏，又甘洌。张子去，僧又坏之。不旋踵至再、至三，卒不能救，禊泉竟坏矣。是时，食之而知其坏者半，食之不知其坏而仍食之者半，食之知其坏而无泉可食、不得已而仍食之者半。

壬申，有称阳和岭玉带泉者，张子试之，空灵不及禊而清洌过之，特以玉带名不雅驯。张子谓：阳和岭实为余家祖墓，诞生我文恭，遗风余烈，与山水俱长。昔孤山泉出，东坡名之“六一”，今此泉名之“阳和”，至当不易。盖生岭、生泉，俱在生文恭之前，不待文恭而天固已“阳和”之矣，夫复何疑！土人有好事者，恐玉带失其姓，遂勒石署之，且曰：“自张志‘禊泉’而‘禊泉’为张氏有，今琶山是其祖垄，擅之益易。立石署之，惧其夺也。”时有传其语者，阳和泉之名益著。

铭曰：“有山如砺，有泉如砥。太史遗烈，落落磊磊。孤屿溢流，六一擅之。千年巴蜀，实繁其齿。但言眉山，自属苏氏。”

［译文］

禊泉出自城中，取水的人每天都会去。奴婢们到斑竹庵借灶做饭，向庵中索要柴草、蔬菜和米，后来索要酒肉；没有酒肉，就挥拳殴打僧人。僧人深受其害，又没有摆脱的办法，就怪罪泉水，向泉水里扔杂草和污秽的东西。还不罢休，就挖掘沟渠的水引入泉水，泉水被破坏了。我知道此事，来到禊泉井水旁，让仆人疏通清洗水井，干到一半时，见到竹子堆在井里，都泡得又黑又粗，气味难闻；清理干净竹子，发现还有污秽东西，味道非常臭。我命人淘洗水井好几遍，等待泉水涌出，泉水其实没被破坏，味道还是依旧甘冽。我离开后，僧人又破坏了水井。不停歇地反复了几次，终于无法补救，禊泉竟然被破坏了。这时，喝着水心里知道禊泉被破坏的人有一部分，还有一部分人喝着水不知道禊泉被破坏，剩下一部分人喝着水知道禊泉被破坏了但苦于没水可喝，不得已还要喝。

壬申年，有人夸赞阳和岭玉带泉水好，我品尝了，认为玉带泉水没有禊泉水空灵，但比禊泉清冽。只不过以玉带命名不够典雅。阳和岭是我家祖墓所在地，我曾祖父诞生在这里，先辈留下的风尚和功业，和山水一样长久。当年孤山发现泉水，东坡命名为“六一”，现在此泉命名为“阳和”，再合适不过了。因为山和泉都在我曾祖诞生前就有了，不等曾祖诞生上天已经赐以阳和之名，这是不容置疑的！当地有好事的人，害怕玉带泉水改名，就刻了石碑署名。还说：“自从张岱命名了‘禊泉’，‘禊泉’就成了张家的，现在琶山是他家祖坟所在地，张家更可能把泉水据为己有。立石碑明示，就是怕他抢夺。”当时有人传播了这些话，阳和泉就更出名了。

我作了铭文：“山和泉互相砥砺；太史留下的磊磊风范，广为传颂。孤山泉水，命名‘六一’被占为已有。千年巴蜀，可说的很多；但说到眉山，当然苏氏最有名。”

闵老子茶

周墨农向余道闵汶水茶不置口。戊寅九月至留都，抵岸，即访闵汶水于桃叶渡。日晡，汶水他出，迟其归，乃婆娑一老。方叙话，遽起曰:“杖忘某所。”又去。余曰:“今日岂可空去？”迟之又久，汶水返，更定矣。睨余曰:“客尚在耶！客在奚为者？”余曰:“慕汶老久，今日不畅饮汶老茶，决不去。”

汶水喜，自起当炉。茶旋煮，速如风雨。导至一室，明窗净几，荆溪壶、成宣窑瓷瓯十余种，皆精绝。灯下视茶色，与瓷瓯无别，而香气逼人，余叫绝。

余问汶水曰:“此茶何产？”汶水曰:“阆苑茶也。”余再啜之，曰:“莫绐余！是阆苑制法，而味不似。”汶水匿笑曰:“客知是何产？”余再啜之，曰:“何其似罗岕甚也？”汶水吐舌曰:“奇，奇！”

余问:“水何水？”曰:“惠泉。”余又曰:“莫绐余！惠泉走千里，水劳而圭角不动，何也？”汶水曰:“不复敢隐。其取惠水，必淘井，静夜候新泉至，旋汲之。山石磊磊藉瓮底，舟非风则勿行。放水之生磊，即寻常惠水犹逊一头地，况他水耶！”又吐舌曰:“奇，奇！”

言未毕，汶水去。少顷，持一壶满斟余曰:“客啜此。”余曰:“香扑烈，味甚浑厚，此春茶耶？向瀹者的是秋采。”汶水大笑曰:“予年七十，精赏鉴者，无客比。”遂定交。

[译文]

周墨农和我说闵汶水不用喝茶就可以分辨茶的好坏。戊寅年九月我到南京，一上岸，就到桃叶渡拜访闵汶水。下午三五点，汶水有事外出，回来迟了，我见到的就是一个衰老的老人。刚说几句，他急忙起身说："拐杖忘在某处。"又走了。我说："今天怎么能白来？"又过了很久，汶水回来了，已经是晚上八点。斜眼看着我说："客人还在呀！客人为什么不走？"我说："我仰慕您很久了，今天如果没有畅饮汶老的茶，一定不会离开。"

汶水听到我的话很高兴，亲自支起炉子煮茶。茶很快煮好，快得像刮风下雨。他把我引到一个房间，窗明几净，室内荆溪壶、成窑、宣窑瓷瓯有十余种，都精美绝伦。在灯下看，茶和瓷瓯一个颜色。但茶香气逼人，我不免叫绝。

我问汶水说："这个茶产自哪里？"汶水说："是阆苑茶。"我再啜饮，问："不要骗我！是阆苑茶的制作方法，但味道不同。"汶水偷笑说："客人知道是哪里产的？"我再啜饮，说："太像阳羡茶了。"汶水吐出舌头说："神奇，神奇。"

我问："煮茶用的什么水？"答："惠泉水。"我又说："不要骗我，惠泉水在路上要行千里，路途遥远而味道依然清新，怎么可能做到？"汶水说："我不再敢隐瞒了。取惠泉水时，一定要把井淘干净，静夜里等候新的泉水涌出，马上打上来。把山石整齐垫在水瓮的底下，船没有风就不走，让水吸取山石的生气，这样处理后连一般的惠泉水都不如它，何况其他的水！"汶水又吐着舌头说："神奇，神奇！"

话没说完，汶水出去。过一会儿，拿着一壶给我倒满说："客人喝这个。"我说："香气扑面浓烈，味道非常浑厚，这是春茶？刚才泡的的确是秋茶。"汶水大笑说："我七十岁了，见过的精于赏鉴茶叶的人，没人比得了客人。"于是，我们决定相交为友。

龙喷池

卧龙骧首于耶溪，大池百仞出其颔下。六十年内，陵谷迁徙，水道分裂。崇祯己卯，余请太守檄，捐金纠众，畚锸千人，毁屋三十余间，开土壤二十余亩，辟除瓦砾刍秽千有余艘，伏道蜿蜒，偃潴澄靛，克还旧观。昔之日不通线道者，今可肆行舟楫矣。喜而铭之，铭曰：蹴醒骊龙，如寐斯揭；不避逆鳞，扶其鲠噎。潴蓄澄泓，煦湿濡沫。夜静水寒，颔珠如月。风雷逼之，扬鬐鼓鬣。

［译文］

卧龙山高居耶溪之上，在它的颔下百仞的地方有一个大水池。六十年里，丘陵河谷变迁，水道分流。崇祯己卯年，我请太守发檄文，募捐财物，招集挖运泥土的民众千人，拆掉屋子三十余间，开垦土地二十余亩，清理出的瓦砾污秽杂物装了一千余船。蜿蜒的道路开辟出来，修筑泥潭蓄水，潭水重新清澈，都恢复原来面貌。原来一条水路都没有的地方，现在可以放心行船。我心中高兴，写了铭文，是这样写的：“踢醒了骊龙，在睡梦中被惊醒；人们不怕惹恼巨龙，疏通河道。水塘澄净，蓄水深广，人们齐心协力走出困境。夜静水寒时，卧龙颔下的明珠像一轮明月。风雷袭来，池水奔腾。”

朱文懿家桂

桂以香山名，然覆墓木耳，北邙萧然，不堪久立。单醪河钱氏二桂，老而秃。独朱文懿公宅后一桂，干大如斗，枝叶溟濛，樾荫亩许，下可坐客三四十席。不亭、不屋、不台、不栏、不砌，弃之篱落间。花时不许人入看，而主人亦禁足勿之往，听其自开自谢已耳。樗栎以不材终其天年，其得力全在弃也。百岁老人多出蓬户，子孙第厌其癃瘇耳，何足称瑞！

［译文］

绍兴香山的桂树最有名，可是都覆盖在坟墓上，北邙山气氛萧然，让人无法久久站立欣赏。单醪河钱家有两棵桂树，又老又秃。只有朱文懿家宅后面有一棵桂树，树干大如斗，枝繁叶茂，树荫有一亩地那么广，树下可以坐三四十人。树周围没有设亭子、房屋、楼台、栏杆、砌石，树被随意放置在篱笆间。花开时不许人们近前观看，主人也不踏足前往，由着它自开自谢而已。樗栎因为没用才长寿，能做到这样全在于无人关注。百岁老人大多生活在贫苦人家，子孙都嫌弃他们手脚不灵便，怎么称得上人瑞呢？

逍遥楼

滇茶故不易得，亦未有老其材八十余年者。朱文懿公逍遥楼滇茶，为陈海樵先生手植，扶疏蓊翳，老而愈茂。诸文孙恐其力不胜葩，岁删其萼盈斛，然所遗落枝头，犹自燔山熠谷焉。

文懿公，张无垢后身。无垢降乩与文懿，谈宿世因甚悉，约公某日面晤于逍遥楼。公伫立久之，有老人至，剧谈良久，公殊不为意。但与公言:“柯亭绿竹庵梁上，有残经一卷，可了之。”寻别去，公始悟老人为无垢。次日，走绿竹庵，简梁上，有《维摩经》一部，缮写精良，后二卷未竟，盖无垢笔也。公取而续书之，如出一手。

先君言，乩仙供余家寿芝楼，悬笔挂壁间，有事辄自动，扶下书之，有奇验。娠祈子，病祈药，赐丹，诏取某处，立应。先君祈嗣，诏取丹于某簏临川笔内。簏失钥闭久，先君简视之，锁自出。觚管中有金丹一粒，先宜人吞之，即娠余。

朱文懿公有姬媵，陈夫人狮子吼。公苦之，祷于仙，求“化妒丹”。乩书曰:“难，难！丹在公枕内。”取以进夫人，夫人服之，语人曰:“老头子有仙丹，不饷诸婢，而余是饷，尚昵余。”与公相好如初。

[译文]

过去滇茶难种植，也没有树龄八十余年的老树。朱文懿公逍遥楼那里有株滇茶树，是陈海樵先生亲手种的，枝叶繁茂疏密有致，越老越茂盛。子孙们怕花蕾太盛压坏枝条，每年都要掐下些花萼，能装满一斛，可是留在枝头的花，仍然开得轰轰烈烈。

文懿公是张无垢的传人。张无垢给文懿占卜了际运福祸，谈到宿世因缘了如指掌，约他某天在逍遥楼当面谈。到了日子文懿公在逍遥楼站了很久，有一个老人来了，与他长谈很久，文懿公没太在意。可是老人和他说:“柯亭绿竹庵的屋梁上有一卷残经，你可以完成它。”不久告别而去，文懿公才醒悟老人是张无垢。次日，他前往绿竹庵，在房梁上查找，找到一部《维摩经》，抄写得非常精良，后两卷没完成，是张无垢的笔迹。文懿公拿到后继续抄写，字迹像一个人的一样。

我父亲说，乩仙供奉在我家寿芝楼中，悬空的笔挂在墙上，有事情时就自己移动，扶住笔自己就写出字来，非常灵验。为怀孕向它祈求子嗣，为疾病向它祈求良药，它会赐给仙丹，告知到哪里取，马上有效。我父亲向它求子嗣，乩仙诏文说要到某件竹器的临川笔里取得丹药，竹器的钥匙丢失很久打不开了，我父亲翻找时，钥匙自己从木桶中出来，我父亲打开竹器，得到一粒金丹，我母亲吞下，就怀上了我。

朱文懿公有姬妾，他的妻子剽悍易怒，文懿公很苦恼。他向乩仙祈求化妒丹。乩书告诉他："难，难！仙丹在枕头里。"文懿公取出来交给妻子，妻子吃了，对人说："老头子得到仙丹，不给小妾服用，而是给我，还是和我亲近。"和文懿公和好如初。

天镜园

天镜园浴凫堂，高槐深竹，樾暗千层。坐对兰荡，一泓漾之，水木明瑟，鱼鸟藻荇，类若乘空。余读书其中，扑面临头，受用一绿，幽窗开卷，字俱碧鲜。每岁春老，破塘笋必道此，轻舠飞出，牙人择顶大笋一株掷水面，呼园中人曰："捞笋！"鼓枻飞去。园丁划小舟拾之，形如象牙，白如雪，嫩如花藕，甜如蔗霜。煮食之，无可名言，但有惭愧。

[译文]

天镜园的浴凫堂里槐树高大，竹林深幽，树荫浓密层层叠叠，静静地面对兰荡，水面清波荡漾。池水和树木明净，游鱼、飞鸟、水草和谐存在，好像在空灵之境。我在里面读书，全身都沉浸在绿色中。我在窗前打开书卷，连字都映上鲜绿。每到暮春时节，运载破塘竹笋的船一定会经过。轻快的小船飞过，生意人挑一只最大的笋扔到水里，对院子里的人喊："快捞笋！"敲打着船桨飞快划走。园丁划着小船捞笋，笋形状像象牙，如同雪一样白，像花藕一样嫩，像甘蔗糖一样甜。煮熟来吃，滋味美妙得没法用语言形容，只觉得食之有愧。

包涵所

西湖之船有楼，实包副使涵所创为之。大小三号：头号置歌筵，储歌童；次载书画；再次偫美人。涵老以声伎非侍妾比，仿石季伦、宋子京家法，都令见客。常靓妆走马，媻姗勃窣，穿柳过之，以为笑乐。明槛绮疏，曼讴其下，擪籥弹筝，声如莺试。客至，则歌童演剧，队舞鼓吹，无不绝伦。乘兴一出，住必浃旬，观者相逐，问其所止。

南园在雷峰塔下，北园在飞来峰下。两地皆石薮，积牒磊砢，无非奇峭。但亦借作溪涧桥梁，不于山上叠山，大有文理。大厅以拱斗抬梁，偷其中间四柱，队舞狮子甚畅。

北园作"八卦房"，园亭如规，分作八格，形如扇面。当其狭处，横亘一床，帐前后开合，下里帐则床向外，下外帐则床向内。涵老据其中，扃上开明窗，焚香倚枕，则八床面面皆出。

穷奢极欲，老于西湖者二十年。金谷、郿坞，着一毫寒俭不得，索性繁华到底，亦杭州人所谓"左右是左右"也。西湖大家何所不有，西子有时亦贮金星。咄咄书空，则穷措大耳。

[译文]

西湖的船楼，其实是包涵所副使首创。船楼按规格分成三等：头号船楼可以摆设歌舞宴席，蓄养歌童；中等船楼装载字画；更小的船楼收藏美人。涵老蓄养的歌姬和侍妾不同，他仿照石季伦、宋子京家蓄养歌妓的方式，都命令她们陪侍客人。她们打扮漂亮出来亮相，轻挪云步，像穿柳而过，引得客人开心欢笑。她们在栏杆和花窗下歌舞，弹奏琴筝，声音像莺啼初试。等到客人到了，歌童演剧、列队跳舞、器乐吹奏轮番上演，都美妙绝伦。船楼出游就至少要十天，观看的人追随着，询问他们在哪里停留。

南园在雷峰塔的下面，北园在飞来峰的下面。两座园子都石头林立，层层叠叠，陡峭奇绝。但石头也被借作溪涧间的桥梁，不在山上叠山，创意独到。大厅用斗拱支起房梁，减掉中间四根柱子，在里面列队舞狮没有障碍。

北园建成八卦房屋，园中亭子是圆形，分成八格，形状像扇面。在狭窄的地方，横着放一张床，床帐可以前后开启合拢，放下里面的帐子，床就朝外；放下外面的帐子，床就向内。涵老坐在里面，门上开了一扇大窗，点燃熏香靠在枕上，八个格子都露出床来。

涵老穷奢极欲，在西湖养老二十年。就像金谷、郿坞一样，丝毫不能寒酸简朴，不如就干脆极尽奢华，就像杭州人说的“左右是左右”。西湖畔的富裕人家，应有尽有。连西施都可以被金屋藏娇。失意含恨的，是穷苦的读书人。

斗鸡社

天启壬戌间好斗鸡，设斗鸡社于龙山下，仿王勃《斗鸡檄》檄同社。仲叔、秦一生日携古董、书画、文锦、川扇等物与余博，余鸡屡胜之。仲叔忿懑，金其距，介其羽，凡足以助其膈膊敠咮者无遗策，又不胜。人有言徐州舞阳侯樊哙子孙，斗鸡雄天下，长颈乌喙，能于高桌上啄粟。仲叔心动，密遣使访之，又不得，益忿懑。一日，余阅稗史，有言唐玄宗以酉年酉月生，好斗鸡而亡其国。余亦酉年酉月生，遂止。

［译文］

天启壬戌年间流行斗鸡，在龙山下设了斗鸡社，我模仿王勃的《斗鸡檄》为同社写了檄文。仲叔、秦一生每天带着古董、字画、文锦、川扇等值钱的东西和我斗鸡，我的鸡屡战屡胜。仲叔气愤，给他的鸡装上金爪子，羽毛戴上防护套，凡是可以帮助他的鸡取胜的法子都用上了，但还是输了。有人说徐州舞阳侯樊哙的后人，家有斗鸡雄霸天下，长脖黑喙，可以飞到高处桌子上吃米。仲叔心动，暗地里派人去拜访，又没有得到，更加气愤。一天，我看杂史，有记载唐玄宗是酉年酉月出生，喜欢斗鸡而使国破家亡。我也是酉年酉月生，于是不再斗鸡。

栖霞

戊寅冬，余携竹兜一、苍头一，游栖霞，三宿之。山上下左右鳞次而栉比之岩石颇佳，尽刻佛像，与杭州飞来峰同受黥劓，是大可恨事。山顶怪石巉岏，灌木苍郁，有颠僧住之。与余谈，荒诞有奇理，惜不得穷诘之。日晡，上摄山顶观霞，非复霞理，余坐石上痴对。复走庵后，看长江帆影，老鹳河、黄天荡，条条出麓下，悄然有山河辽廓之感。

一客盘礴余前，熟视余。余晋与揖，问之，为萧伯玉先生，因坐与剧谈，庵僧设茶供。伯玉问及补陀，余适以是年朝海归，谈之甚悉。《补陀志》方成，在箧底，出示伯玉，伯玉大喜，为余作叙。取火下山，拉与同寓宿，夜长，无不谈之，伯玉强余再留一宿。

［译文］

戊寅年冬，我乘着轿子和一个老仆人游历栖霞山，住了三个晚上。栖霞山的山峰鳞次栉比，岩石形状很好，刻着很多佛像，和杭州飞来峰一样被破坏，是很大的遗憾。山顶怪石险峻高耸，灌木苍翠浓郁，有个疯癫的和尚住在那里。他和我说话，虽然荒诞也有令人惊奇的道理，可惜不能没完没了地追问。下午三五点，我登上摄山顶看晚霞，说不清晚霞的妙处，我坐在石头上痴痴地看着。又走到庵的后面，远看长江帆影。老鹳河、黄天荡一条条横在山下，心中悄然升起山河辽阔的感觉。

一个客人不拘小节地坐在我面前，久久看着我。我上前行礼，问他是何方人士，原来是萧伯玉先生，于是我们坐下来畅谈，和尚煮茶给我们。伯玉问到普陀山，我刚好当年从普陀山回来，说起来很熟悉。我写的《补陀志》刚完成，放在书箱底下，拿给伯玉看，伯玉大喜，给我的书作序。我们拿着火把下山，先生留我和他住在一起，夜晚很长，我们无话不谈，伯玉一再挽留我又住了一晚。

湖心亭看雪

崇祯五年十二月，余住西湖。大雪三日，湖中人鸟声俱绝。是日更定矣，余拏一小舟，拥毳衣炉火，独往湖心亭看雪。雾凇沆砀，天与云、与山、与水，上下一白。湖上影子，惟长堤一痕，湖心亭一点，与余舟一芥，舟中人两三粒而已。

到亭上，有两人铺毡对坐，一童子烧酒，炉正沸。见余大惊喜，曰："湖中焉得更有此人！"拉余同饮。余强饮三大白而别。问其姓氏，是金陵人，客此。及下船，舟子喃喃曰："莫说相公痴，更有痴似相公者。"

［译文］

崇祯五年十二月，我住在杭州西湖。接连下了三日大雪，西湖中听不到人声和鸟声。一天晚上八点，我划着一只小舟，裹着皮毛做成的衣服，生着火炉，独自到湖心亭赏雪。岸边树木结满树挂，湖上白雾弥漫，雾气缭绕，天空、云、山、水，上下一片白茫茫。湖上隐约可以看到的影子，只有长提的一道痕迹，湖心亭的一点轮廓，以及我的一芥小舟以及舟中两三点人影罢了。

到了亭子上，见有两个人铺着毡子对坐，一个童子在煮酒，炉中热水正沸腾。他们见到我非常惊喜，说："西湖里怎么还有这样的人！"于是拉住我一同喝酒。我努力喝了三大杯后告辞。问他们姓氏，知道他们是金陵人，在这里客居。等下了船，划船人小声说："不要说您痴狂，竟还有和您一样痴狂的人。"

陈章侯

崇祯乙卯八月十三，侍南华老人饮湖舫，先月早归。章侯怅怅向余曰："如此好月，拥被卧耶？"余敦苍头携家酿斗许，呼一小划船再到断桥。章侯独饮，不觉沾醉。过玉莲亭，丁叔潜呼舟北岸，出塘栖蜜橘相饷，畅啖之。章侯方卧船上嚎嚣。岸上有女郎，命童子致意云："相公船肯载我女郎至一桥否？"余许之。女郎欣然下，轻纨淡弱，婉嫕可人。章侯被酒挑之曰："女郎侠如张一妹，能同虬髯客饮否？"女郎欣然就饮。移舟至一桥，漏二下矣，竟倾家酿而去。问其住处，笑而不答。章侯欲蹑之，见其过岳王坟，不能追也。

[译文]

崇祯乙卯年八月十三日，我陪同南华老人到湖船上喝酒，月亮还没出来就回家了。章侯惆怅地对我说："这样的良辰美景，裹着被子睡大觉吗？"我命老仆人带着自家酿的酒一斗多，叫来一只小船又到了断桥，章侯自斟自饮，不觉中有了醉意。船经过玉莲亭时，丁叔潜在北岸向我们的船大声喊，拿来塘栖蜜橘款待，我们吃得开心。章侯刚躺到船上就叫嚷喧闹。岸上有个女郎，让童子问我们："相公的船愿意搭载我家小姐到一桥吗？"我答应了。女郎高兴地下到船上。她身形纤弱，温婉娴静惹人喜爱。章侯借酒意挑逗她说："女郎像张一妹一样有侠气，能不能和虬髯客共饮？"女郎欣然举杯。船划到一桥，已经是二更时辰，女郎竟然喝光了家酿离去。问她住处，女郎笑而不答。章侯想偷偷跟着，见她过了岳王坟，不能再追了。

卷四

不系园

甲戌十月，携楚生住不系园看红叶。至定香桥，客不期而至者八人：南京曾波臣，东阳赵纯卿，金坛彭天锡，诸暨陈章侯，杭州杨与民、陆九、罗三，女伶陈素芝。余留饮。章侯携缣素为纯卿画古佛，波臣为纯卿写照，杨与民弹三弦子，罗三唱曲，陆九吹箫。与民复出寸许紫檀界尺，据小梧，用北调说《金瓶梅》一剧，使人绝倒。是夜，彭天锡与罗三、与民串本腔戏，妙绝；与楚生、素芝串调腔戏，又复妙绝。章侯唱村落小歌，余取琴和之，牙牙如语。纯卿笑曰："恨弟无一长，以侑兄辈酒。"余曰："唐裴将军旻居丧，请吴道子画天宫壁度亡母。道子曰：'将军为我舞剑一回，庶因猛厉以通幽冥。'旻脱缞衣，缠结，上马驰骤，挥剑入云，高十数丈，若电光下射，执鞘承之，剑透室而入，观者惊栗。道子奋袂如风，画壁立就。章侯为纯卿画佛，而纯卿舞剑，正今日事也。"纯卿跳身起，取其竹节鞭，重三十斤，作胡旋舞数缠，大噱而罢。

［译文］

甲戌年十月，我和楚生住在不系园看红叶。走到定香桥时，遇到不期而至的八位客人，他们是：南京的曾波臣，东阳的赵纯卿，金坛的彭天锡，诸暨的陈章侯，杭州的杨与民、陆九、罗三，女艺人陈素芝。我挽留他们一起喝酒。章侯在白绢上为纯卿画古佛，波臣为纯卿画像，杨与民弹奏三弦，罗三唱曲子，陆九吹箫。与民又拿出一条一寸多长的紫檀界尺，靠着木架子，用北调说了一出《金瓶梅》，大家叫绝。这个晚上，彭天锡和罗三、与民唱本腔戏，美妙绝伦；他和楚生、素芝演串调戏，也是美妙绝伦。章侯唱乡村小调，我弹琴应和，咿咿呀呀像是说话。纯卿笑着说："可惜我没有擅长的才艺为兄长们喝酒助兴。"我说："唐将军裴旻守丧时，请吴道子画一幅天宫寺壁画超度亡母。道子说：'请将军为我舞一回剑，希望可以通过剑舞的勇猛凌厉，让我和幽冥相通。'裴旻脱下丧服，缠在腰上，上马疾驰，挥舞宝剑掷入云端，高十几丈，然后剑像电光下射一样掉下来，裴旻拿着剑鞘去接宝剑，宝剑插入剑鞘，看得人心惊胆战。道子挥袖如风，壁画马上完成。章侯为纯卿画佛，纯卿舞剑，就是今天可以做的。"纯卿跳起身，拿着他的竹节鞭，有三十斤重，跳了几圈胡旋舞，直到大家大笑尽兴才罢休。

秦淮河房

秦淮河河房，便寓，便交际，便淫冶，房值甚贵，而寓之者无虚日。画船箫鼓，去去来来，周折其间。河房之外，家有露台，朱栏绮疏，竹帘纱幔。夏月浴罢，露台杂坐。两岸水楼中，茉莉风起，动儿女香甚。女客团扇轻纨，缓鬓倾髻，软媚着人。

年年端午，京城士女填溢，竞看灯船。好事者集小篷船百什艇，篷上挂羊角灯如联珠。船首尾相衔，有连至十余艇者。船如烛龙火蜃，屈曲连蜷，蟠委旋折，水火激射。舟中镦钹星铙，宴歌弦管，腾腾如沸。士女凭栏轰笑，声光凌乱，耳目不能自主。

午夜，曲倦灯残，星星自散。钟伯敬有《秦淮河灯船赋》，备极形致。

[译文]

秦淮河边的河房，便于住宿，便于交际应酬，便于寻欢作乐，房价非常贵，可是每天住满人。雕梁画舫上箫鼓声声，在河上来来往往，周折往复。河房的外侧，家家都有露台，朱栏花窗，竹帘纱幔。夏天的晚上洗浴后，露台上坐满人。两岸的水楼中，茉莉花的香气飘散，扰动男男女女的情怀。女客人手拿团扇，身着轻纨，发髻蓬松倾斜，柔软妩媚，楚楚动人。

每年端午节，南京城的大家闺秀挤满河房，竞相来看船灯。好事的人召集一百多只小篷船，篷上挂着羊角灯像串联起来的珠子，船首尾相接，有的十余只连在一起。船像用蜡烛、火光装扮的龙，弯弯曲曲连绵不断，绕来绕去，水火猛烈喷射。船中锣鼓齐鸣，丝竹管弦悠扬，喧腾得像滚沸的水。淑女们倚着栏杆开心大笑，声音和灯光又杂又乱，让人控制不住自己的耳朵和眼睛。午夜时分，曲声渐弱灯光渐暗，人们像星星一样散去。钟伯敬写的《秦淮河灯船赋》，详细记述了此情此景。

兖州阅武

辛未三月，余至兖州，见直指阅武。马骑三千，步兵七千，军容甚壮。马蹄卒步，滔滔旷旷，眼与俱驶，猛掣始回。其阵法奇在变换，旝动而鼓，左抽右旋，疾若风雨。阵既成列，则进图直指前，立一牌曰“某阵变某阵”。连变十余阵，奇不在整齐而在便捷。

扮敌人百余骑，数里外烟尘坌起。迾卒五骑，小如黑子，顷刻驰至，入辕门报警。建大将旗鼓，出奇设伏。敌骑突至，一鼓成擒，俘献中军。

内以姣童扮女三四十骑，荷旃被毳，绣袪魋结，马上走解，颠倒横竖，借骑翻腾，柔如无骨。乐奏马上，三弦、胡拨、琥珀词、四上儿密失、叉儿机，僸佅兜离，罔不毕集，在直指筵前供唱，北调淫俚，曲尽其妙。是年，参将罗某，北人，所扮者皆其歌童外宅，故极姣丽，恐易人为之，未必能尔也。

[译文]

辛未年三月，我到兖州，观看了直指使者的阅兵演练。参加演练的有骑兵三千人，步兵七千人，军容很雄壮。马蹄声和脚步声声势宏大，观看的人眼睛被行进的队伍牵引着，猛地拉住才能收回。阅兵的阵法奇妙之处在于变化，令旌旗挥动战鼓响起，队列左右摆动变换，快得像疾风暴雨。军队排好阵列，就向直指使呈上军阵图，竖一个牌子写着“由某阵变为某阵”。接连变了十余种阵法，神奇之处不在于队伍整齐而在于变换快捷。

有士兵装扮成百余个敌方骑兵，在几里外烟尘飞扬。五个负责侦察的骑兵小得像黑色石子，飞快由远处骑马过来，进入营门通报敌情。军中立起大将旗，敲起战鼓，设置了埋伏。敌人骑兵突然进攻，片刻被擒获，俘虏被献给中军。

军营里有容貌姣好的小童装扮成三四十个女骑兵，身披毛毡，袖口绣花，梳着发髻，在马上表演高难度动作，身体上下颠倒，横竖伸展，翻腾跳跃，柔若无骨。在马上演奏音乐，三弦、胡拨、琥珀词、四上儿、密失、叉儿机等各种少数民族乐器，无所不有。有人在直指宴席前献唱，北方的民间小曲淫冶俚俗，听起来十分奇妙。这一年，参将是罗某，北方人，参加演出的都是他的歌童、外室，所以面容都非常姣好、美丽，恐怕换成其他人，就不一定能这样了。

牛首山打猎

戊寅冬，余在留都，同族人隆平侯与其弟勋卫、甥赵忻城，贵州杨爱生，扬州顾不盈，余友吕吉士、姚简叔，姬侍王月生、顾眉、董白、李十、杨能，取戎衣衣客，并衣姬侍。姬侍服大红锦狐嵌箭衣、昭君套，乘款段马。鞲青骹，绁韩卢，铳箭手百余人，旗帜棍棒称是，出南门，校猎于牛首山前后，极驰骤纵送之乐。得鹿一、麂三、兔四、雉三、猫狸七。看剧于献花岩，宿于祖茔。次日午后猎归，出鹿麂以飨士，复纵饮于隆平家。江南不晓猎较为何事，余见之图画戏剧，今身亲为之，果称雄快。然自须勋戚豪右为之，寒酸不办也。

［译文］

戊寅年冬，我在南京，同族的隆平侯和他弟弟勋卫、外甥赵忻城，贵州杨爱生，扬州顾不盈，我的朋友吕吉士、姚简叔，侍妾王月生，歌姬顾眉、董白、李十、杨能，一起到牛首山打猎。隆平侯拿来军服给客人穿，女子们也穿上军服。女子们穿大红色锦狐嵌箭衣，戴着皮毛帽子，骑着性情温和的马。我们带着猎鹰，牵着猎犬，随行的还有一百余个射箭能手，旗帜棍棒齐备。出了南门，在牛首山的山前山后打猎，享尽了纵横驰骋的乐趣。狩猎所得有一只鹿、三只麂、四只兔、三只雉、七只狐狸。之后又在献花堂看戏，在祖堂住宿。第二天午后打猎归来，烹饪鹿和麂与大家分享，又在隆平家畅饮。江南人不明白打猎是怎么回事，我只在图画、戏剧中看过，今天亲自参与，果然称得上雄壮畅快。但只能是皇亲国戚和豪门贵族才能享受，小户人家望尘莫及。

杨神庙台阁

枫桥杨神庙，九月迎台阁。十年前迎台阁，台阁而已，自骆氏兄弟主之，一以思致文理为之。扮马上故事，二三十骑扮传奇一本，年年换，三日亦三换之。其人与传奇中人必酷肖方用，全在未扮时一指点为某似某，非人人绝倒者不之用。迎后，如扮胡梿者，直呼为胡梿，遂无不胡梿之，而此人反失其姓。人定，然后议扮法，必裂缯为之，果其人其袍铠须某色某缎某花样，虽匹锦数十金不惜也。一冠一履，主人全副精神在焉。诸友中有能生造刻画者，一月前礼聘至，匠意为之，唯其使。装束备，先期扮演，非百口叫绝又不用。故一人一骑，其中思致文理，如玩古董名画，一勾一勒不得放过焉。

土人有小小灾祲，辄以小白旗一面，到庙禳之，所积盈库。是日以一竿穿旗三四,一人持竿三四，走神前，长可七八里，如几百万白蝴蝶回翔盘礴在山坳树隙。四方来观者数十万人。市枫桥下，亦摊亦篷。台阁上、马上有金珠宝石堕地，拾者如有物凭焉，不能去，必送还神前；其在树丛田坎间者，问神，辄示其处，不或爽。

[译文]

枫桥杨神庙有九月份迎台阁的习俗。十年前迎台阁，唱台阁戏就可以了。自从骆氏兄弟管理事务以来，把追求文辞义理放在第一位。演马上的故事要有二三十个人马，演员要唱整本传奇，每年都要换剧本，演三天就要换三次。演员要和在传奇中扮演的人非常像才行。在没有装扮前人人都认为他像剧中角色才会被录用。迎接台阁后，比如扮演胡琏的人，人们直接叫他胡琏，于是所有人都喊他胡琏，这个人的真名实姓却没人叫了。演员定了下来，然后就商量如何装扮。一定要不惜代价。如果这个人战袍铠甲需要某种颜色、某种缎子、某种花样，那么即使一匹丝绸花费几十两银子也在所不惜。一帽一鞋，都体现了主人的全部用心。主人朋友中有擅长设计造型的人，一个月前被重金聘来，匠人们的设计，所有人都要执行。演员打扮妥当，先预演，不是所有人都说好就不用。所以，一个人一匹马，包含在其中的心思和文化内涵，就像玩赏古玩字画，一勾一勒都达到极致。

当地人遇到灾祸或是不吉利，都拿一面小白旗到庙里祈祷消灾，小白旗堆满了仓库。那一天，每个人用一根竹竿穿三四面旗子，一人手拿三四根竹竿走到神庙前，队伍可以达到七八里长，就像几百万只白色蝴蝶在山坳树木间回旋飞舞。各地来观看的有几十万人。在枫桥下形成集市，有摆摊的，有搭帐篷的。台阁上或马上，如果有金银珠宝掉到地上，捡起来的人好像有东西附身不能离去，一定要把东西送还到神前；遗落在树丛田坎间的宝物，问神像，就会指示掉在哪里，一点都没差错。

雪精

外祖陶兰风先生倅寿州，得白骡，蹄跲都白，日行二百里，畜署中。寿州人病噎嗝，辄取其尿疗之。凡告期，乞骡尿状常十数纸。外祖以木香沁其尿，诏百姓来取。后致仕归，捐馆，舅氏啬轩解骖赠余。

余豢之十年许，实未尝具一日草料，日夜听其自出觅食，视其腹未尝不饱，然亦不晓其何从得饱也。天曙，必至门祗候，进厩候驱策，至午勿御，仍出觅食如故。后渐跋扈难御，见余则驯服不动，跨鞍去如箭，易人则咆哮蹄啮，百计鞭策之不应也。一日，与风马争道城上，失足堕濠堑死，余命葬之，谥之曰“雪精”。

[译文]

我的外祖父陶兰风先生，在寿州做副官的时候，得到一匹白色骡子，骡子连蹄子都是白的，每天能走二百里，养在官署中。寿州人如果吞咽困难或者一吃东西就吐，就喝它的尿来治。每到诉讼的日子，乞求骡尿的状子常常有十几份。外祖父把木香泡在骡尿里，告诉老百姓来取。后来外祖父退休回家去世。舅父啬轩把它赠给了我。

我养了它十年多，真的一天也没给它备过草料。每天听任它自己去外面觅食，看到它都吃得饱饱的，可是也不知道它是怎么吃饱的。天亮，它一定站在门口等候，走进马厩等候主人驱使，到中午没有使唤，就又出去觅食。后来它渐渐变得跋扈难以驾驭，见到我却驯服不乱动，跨上鞍子跑起来像箭一样飞快，换了别人就会咆哮起来又踢又咬，各种方法也降伏不住。一天，他和野马在城墙上争路，失足掉下壕堑摔死，我让人埋葬了它，给它的谥号是“雪精”。

严助庙

陶堰司徒庙，汉会稽太守严助庙也。岁上元设供，任事者聚族谋之终岁。凡山物𤛑𤛑（虎豹、麋鹿、獾猪之类），海物噩噩（江豚、海马、鲟黄、鲨鱼之类），陆物痴痴（猪必三百斤，羊必二百斤，一日一换。鸡、鹅、凫、鸭之属，不极肥不上贡），水物噞噞（凡虾、鱼、蟹、蚌之类，无不鲜活），羽物毨毨（孔雀、白鹇、锦鸡、白鹦鹉之属，即生供之），毛物毧毧（白鹿、白兔、活貂鼠之属，亦生供之），洎非地（闽鲜荔枝、圆眼、北苹婆果、沙果、文官果之类）、非天（桃、梅、李、杏、杨梅、枇杷、樱桃之属，收藏如新撷）、非制（熊掌、猩唇、豹胎之属）、非性（酒醉、蜜饯之类）、非理（云南蜜唧、峨眉雪蛆之类）、非想（天花、龙蛋、雕镂瓜枣、捻塑米面之类）之物，无不集。庭实之盛，自帝王宗庙、社稷坛壝所不能比隆者。

十三日，以大船二十艘载盘軨，以童崽扮故事，无甚文理，以多为胜。城中及村落人，水逐陆奔，随路兜截，转折看之，谓之“看灯头”。五夜夜在庙演剧，梨园必倩越中上三班，或雇自武林者，缠头日数万钱。唱《伯喈》《荆钗》，一老者坐台下，对院本，一字脱落，群起噪之，又开场重做。越中有“全伯喈”“全荆钗”之名，起此。

天启三年，余兄弟携南院王岑，老串杨四、徐孟雅，圆社河南张大来辈往观之。到庙蹴踘，张大来以“一丁泥”“一串珠”名世。球着足，浑身旋滚，一似粘疐有胶、提掇有线、穿插有孔者，人人叫绝。剧至半，王岑汾李三娘，杨四扮火工窦老，徐孟雅扮洪一嫂，马小卿十二岁，扮咬脐，串《磨房》《撇池》《送子》《出猎》四出。科诨曲白，妙入筋髓，又复叫绝。遂解维归。戏场气夺，锣不得响，灯不得亮。

［译文］

陶堰有座司徒庙是汉代会稽太守严助的庙。每年上元节时摆设供品，主事的人会聚集全族人谋划一年这件事。凡是山中凶猛的动物（虎、豹、麋鹿、獾、野猪之类），肥腴的海中动物（江豚、海马、鲟鱼、黄鱼、鲨鱼之类），肥美的陆上动物（猪一定要三百斤重，羊一定要二百斤重，一天一换。鸡、鹅、野鸭、家鸭这些禽类，不是最肥的不能做供品），鲜活的水产（所有的虾、鱼、蟹、蚌之类，没有不活蹦乱跳的），羽毛整齐的野味禽鸟（孔雀、白鹇、锦鸡、白鹦鹉这些，都是用活的供奉），皮毛细密的动物（白鹿、白兔、活貂鼠这些，也是用活物供奉），以及不是本地出产的果品（福建的鲜荔枝、圆眼、北苹婆果、沙果、文官果之类），不是正当时令的果品（桃、梅、李、杏、杨梅、枇杷、樱桃这些，储藏保鲜像新摘的一样），不是普通人能吃到的（熊掌、猩唇、豹胎这些），加工过的果品（用酒醉过的水果、蜜饯这些），稀奇古怪的东西（天花、龙蛋、雕镂瓜枣、捻塑米面这些），一应俱全。庙中供奉丰盛，除帝王宗庙和社稷祭祀外，没有比它更隆重的。

十三日，用二十艘大船载着演傀儡戏的全班人马，小孩子扮成各种角色，傀儡戏没有什么文化内涵，以演出人数众多取胜。城里和村里的人在水上陆上跟随奔跑，随着一路兜兜转转，想尽办法观看，称作“看灯头”。仪式持续五个晚上，每晚在庙里演戏，戏班一定是越地内上三等的，有些是从杭州雇来的，演出费高达几万钱。演出《伯喈》《荆钗》时，一个老者坐在台下，对照着剧本，一字唱错，观众一齐发出嘘声，于是开场重新唱。越中有“全伯喈”“全荆钗”的说法就是这么起源的。

天启三年，我们兄弟和南院王岑，老戏串子杨四、徐梦雅，圆社河南人张大来一伙人去看戏。到庙里玩蹴鞠，张大来素以“一丁泥”“一串珠”脚法名扬天下。球在脚上旋转翻滚，好像有胶粘住了球，用线控制着球，球上有孔可以插住，人人叫绝。戏演到一半，王岑演李三娘，杨四演火工窦老，徐孟雅演洪一嫂，马小卿十二岁演咬脐，串演《磨房》《撇池》《送子》《出猎》四出戏。插科打诨，唱曲念白，无比完美，又让观看者叫绝。于是开船归去。戏场热闹气氛消减了，锣鼓也不响了，灯光也不亮了。

乳酪

乳酪自驵侩为之，气味已失，再无佳理。余自豢一牛，夜取乳置盆盎，比晓，乳花簇起尺许，用铜铛煮之，瀹兰雪汁，乳斤和汁四瓯，百沸之。玉液珠胶，雪腴霜腻，吹气胜兰，沁入肺腑，自是天供。或用鹤觞、花露入甑蒸之，以热妙；或用豆粉搀和，漉之成腐，以冷妙；或煎酥，或作皮，或缚饼，或酒凝，或盐腌，或醋捉，无不佳妙。而苏州过小拙和以蔗浆霜，熬之，滤之，钻之，掇之，印之，为带骨鲍螺，天下称至味。其制法秘甚，锁密房，以纸封固，虽父子不轻传之。

[译文]

乳酪经牲畜贩子的手做出来，气味都消失了，再也没有美味。我亲自养了一头牛，每到夜里挤出牛奶放到盆里，等到天亮，乳花聚在一起有一尺多厚，用铜锅煮，浸泡兰雪茶汁，以一斤奶兑四瓯茶汁的比例掺和，反复煮沸。玉液变成珍珠一样的胶冻，像雪一样丰腴，像霜一样细腻，吹一口气比兰花香，沁人肺腑，真是供奉天上仙人的供品。或是用鹤觞、花露等美酒一起放到甑里蒸，趁热吃最好；或是掺入豆粉，沥干水分做成豆腐，冷吃最好；或者用油煎酥，或者做成奶皮，或者压成饼，或者用酒凝固，或者用盐腌渍，或者用醋泡，都味美无比。苏州的过小拙在乳酪中加入蔗糖，经过熬煮、过滤、钻掇、压上图案，成为带骨鲍螺，都认为是天下最高的美味。它的制作方法被严格保密，锁在密房里，用纸做封条封住，即使是父子也不轻易传授。

二十四桥风月

广陵二十四桥风月，邗沟尚存其意。渡钞关，横亘半里许，为巷者九条。巷故九，凡周旋折旋于巷之左右前后者什百之。巷口狭而肠曲，寸寸节节，有精房密户，名妓、歪妓杂处之。名妓匿不见人，非向导莫得入。

歪妓多可五六百人，每日傍晚，膏沐熏烧，出巷口，倚徙盘礴于茶馆酒肆之前，谓之“站关”。茶馆酒肆，岸上纱灯百盏，诸妓掩映闪灭于其间，疤戾者帘，雄趾者阈。灯前月下，人无正色，所谓“一白能遮百丑”者，粉之力也。游子过客，往来如梭，摩睛相觑，有当意者，逼前牵之去；而是妓忽出身分，肃客先行，自缓步尾之。至巷口，有侦伺者，向巷门呼曰：“某姐有客了！”内应声如雷，火燎即出。

一一俱去，剩者不过二三十人。沉沉二漏，灯烛将烬，茶馆黑魆无人声。茶博士不好请出，惟作呵欠，而诸妓醵钱向茶博士买烛寸许，以待迟客。或发娇声，唱《擘破玉》等小词，或自相谑浪嘻笑，故作热闹，以乱时候；然笑言哑哑，声中渐带凄楚。夜分不得不去，悄然暗摸如鬼，见老鸨受饿、受笞，俱不可知矣。

余族弟卓如，美须髯，有情痴，善笑，到钞关必狎妓，向余噱曰：“弟今日之乐，不减王公。”余曰：“何谓也？”曰：“王公大人侍妾数百，到晚耽耽望幸，当御者不过一人。弟过钞关，美人数百人，目挑心招，视我如潘安，弟颐指气使，任意拣择，亦必得一当意者呼而侍我。王公大人岂过我哉！”复大噱，余亦大噱。

[译文]

二十四桥风月之事，只有邗沟还可以见到。过了钞关，横着半里多，有九条小巷。说是九条，其实在它们前后左右曲折围绕着的小巷还有近百条。巷子口有些狭窄，像肠子一样弯弯曲曲，密密麻麻，其间不乏精美的房子和隐秘的门户，名妓、流娼混杂。名妓隐蔽不见踪影，没有人指引是见不到的。

下等妓女多时有五六百人，每天傍晚，梳洗打扮，涂脂抹粉，走出巷口，或站或坐在茶馆、酒肆门前，叫作“站关”。茶馆、酒肆岸上纱灯照耀，妓女们在灯光里若隐若现。长得粗糙没有姿色的就遮在帘子后面，脚大的就把脚藏在门槛后。黑暗中，都没有正常的肤色，所谓“一白遮百丑”，都是靠脂粉的帮助。游子过客来来往往好像穿梭。过客和妓女睁大眼睛互相仔细看，找到满意的，就走上前牵起手离开；这时妓女马上说出身份，恭敬地请客人走在前面，妓女在后面小步跟随。到巷子口，有报信的，向巷门大声喊：“某姐有客人了！”里面回答的声音像雷声一样响。

夜深了，有客人的妓女都离开了，剩下的不过二三十人。二更时夜色黑沉，灯烛都要燃尽了，茶馆黑暗没有声音。茶馆伙计不好意思请妓女出去，只好表现出哈欠连天，各妓女凑钱向伙计买一小截蜡烛，等待迟来的客人。有的发出娇嗔的声音，唱《劈破玉》等小词，有的互相玩笑打闹，故作热闹，来打发时间；可是欢言笑语声中，渐渐显出了凄楚。夜更深了，妓女们不得不离开，她们默默地像鬼一样摸黑回去。见到老鸨，是挨饿、是被打都不知道了。

我的族弟张卓如，须髯飘逸，是个情种，爱笑，每到钞关，一定去狎妓，他大笑着对我说：“我今天太快乐了，不比王公差。”我说：“为什么？”他说：“王公大人有几百个侍妾，到晚上都盼望被宠幸，侍寝的只有一个人。我在钞关，几百个美人，用眼挑逗我，用心思招引我，把我看成潘安，我可以颐指气使，随心挑选，也一定会找到一个合心意的叫来服侍我。王公大人怎能像我这么称心如意！”说完又大笑。我听后也大笑。

世美堂灯

儿时跨苍头颈，犹及见王新建灯。灯皆贵重华美，珠灯、料丝无论，即羊角灯亦描金细画，缨络罩之。悬灯百盏尚须秉烛而行，大是闷人！

余见《水浒传》“灯景诗”有云：“楼台上下火照火，车马往来人看人。”已尽灯理。余谓灯不在多，总求一亮。余每放灯，必用如椽大烛，专令数人剪卸烬煤，故光迸重垣，无微不见。

十年前，里人有李某者，为闽中二尹，抚台委其造灯，选雕佛匠，穷工极巧，造灯十架。凡两年，灯成而抚台已物故，携归藏椟中。又十年许，知余好灯，举以相赠，余酬之五十金，十不当一，是为主灯。遂以烧珠、料丝、羊角、剔纱诸灯辅之。

而友人有夏耳金者，剪彩为花，巧夺天工，罩以冰纱，有烟笼芍药之致。更用粗铁线界画规矩，匠意出样，剔纱为蜀锦，墁其界地，鲜艳出人。耳金岁供镇神，必造灯一盏，灯后，余每以善价购之。余一小傒善收藏，虽纸灯亦十年不得坏，故灯日富。又从南京得赵士元夹纱屏及灯带数副，皆属鬼工，决非人力。

灯宵，出其所有，便称胜事。鼓吹弦索，厮养臧获皆能为之。有苍头善制盆花，夏间以羊毛炼泥墩，高二尺许，筑“地涌金莲”，声同雷炮，花盖亩余。不用煞拍鼓铙，清吹唢呐应之，望花缓急为唢呐缓急，望花高下为唢呐高下。灯不演剧，则灯意不酣；然无队舞鼓吹，则灯焰不发。余敕小傒串元剧四五十本。演元剧四出，则队舞一回，鼓吹一回，弦索一回。其间浓淡、繁简、松实之妙，全在主人位置。使易人易地为之，自不能尔尔。故越中夸灯事之盛，必曰“世美堂灯”。

［译文］

小时候骑在老仆人脖子上，看过王新建家的花灯。花灯都贵重华美，且不说用彩珠玛瑙丝做的灯，就是羊角灯也是描金细画，罩着璎珞。高挂着百盏灯还是要手拿蜡烛走夜路，非常令人不快。

我见《水浒传》“灯景诗”写道：“楼台上下火照火，车马往来人看人。”说尽了花灯的道理。我认为灯不在多，但要足够明亮。我每次放灯，一定用房椽粗的大蜡烛，专门安排几个人剪燃尽的灯芯，所以光亮可以照进几道墙，微小的东西都可以看见。

十年前，有个姓李的邻居，在闽中当地方官，抚台委托他造花灯，他挑选了雕佛的匠人，用最好的手艺和构思，造了十架花灯，耗费了两年时间，灯做好了可是抚台故去了。他把灯带回来收藏在匣子里。又过了十几年，他知道我喜欢花灯，就全部拿出来送给我，我给了他五十两酬金，大概不及十分之一的价钱。我把它们当作主灯，用烧珠、料丝、羊角、剔纱等花灯陪衬。

友人夏耳金，能剪彩色纸花，巧夺天工，用冰纱罩住，有烟雾笼罩芍药的韵味。他还会用粗铁丝编出造型，独具匠心。用蜀锦做剔纱打底，颜色鲜艳，超过众人。耳金每年供奉镇神，都要造一盏花灯，仪式结束后，我每次都出好价钱买下。我的一个小童善于收藏，即使是纸质花灯放置十年也不会损坏，所以灯越来越多。我又从南京赵士元那里得到几副夹纱屏和灯带，都是鬼斧神工，绝不是人力可以做出来的。

灯节时，把所有灯都拿出来，实在可以称为胜事。吹拉弹唱，家里的仆人都可以胜任。家中有老仆人善于制作盆花花炮，夏天用羊毛捣炼成泥墩，高二尺多，堆成“地涌金莲”形状，燃放时声音像响雷、大炮，烟花在空中散开有一亩地大小。放烟花时，不用敲敲打打，只需吹唢呐应和。看着烟花缓急唢呐曲调也随之缓急，看着烟花上下唢呐曲调也高低变化。挂花灯不演戏，那看灯的兴趣就不酣畅；没有列队舞蹈和乐器吹打，灯光就不热烈。我让年轻的仆人串演元剧四五十本。演四出元剧，就集体跳舞一回，吹打一回，弦乐演奏一回。其间情绪浓淡、形式繁简、效果松实，都由主人自己操控。假如换人换地方这样做，都不能达到这样满意的效果。所以人们夸耀越中花灯最盛大之处，一定是"世美堂灯"。

宁了

大父母喜豢珍禽：舞鹤三对，白鹇一对，孔雀二对，吐绶鸡一只，白鹦鹉、鹩哥、绿鹦鹉十数架。一异鸟名"宁了"，身小如鸽，黑翎如八哥，能作人语，绝不含糊。大母呼媵婢，辄应声曰："某丫头，太太叫！"有客至，叫曰："太太，客来了，看茶！"有一新娘子善睡，黎明辄呼曰："新娘子，天明了，起来吧！太太叫，快起来！"不起，辄骂曰："新娘子，臭淫妇，浪蹄子！"新娘子恨甚，置毒药杀之。

"宁了"疑即"秦吉了"，蜀叙州出，能人言。一日夷人买去，惊死，其灵异酷似之。

［译文］

我的祖父母喜欢养珍禽，养了三对舞鹤、一对白鹇、二对孔雀、一只吐绶鸟，还有十几架白鹦鹉、鹩哥、绿鹦鹉。有一种神奇的鸟叫“宁了”，身体像鸽子大小，黑色的翎子像八哥，能说人话，非常清晰。祖母呼唤婢女，它就接话说：“某丫头，太太叫！”有客人来，它会大叫：“太太，客来了，看茶！”有一个新娘子爱睡觉，天刚亮它就大叫：“新娘子天亮了，起来吧！”新娘子不起，它就骂道：“新娘子，臭淫妇，浪蹄子！”新娘子恨死它了，用毒药想要毒死它。

我怀疑“宁了”就是“秦吉了”，产自四川叙州，能说人话。据说有一天外族人把“秦吉了”买走，它惊吓而死，它和“宁了”的灵异非常像。

张氏声伎

谢太傅不畜声伎，曰：“畏解，故不畜。”王右军曰：“老年赖丝竹陶写，恒恐儿辈觉。”曰“解”，曰“觉”，古人用字深确。盖声音之道入人最微，一解则自不能已，一觉则自不能禁也。

我家声伎，前世无之，自大父于万历年间与范长白、邹愚公、黄贞父、包涵所诸先生讲究此道，遂破天荒为之。有“可餐班”，以张彩、王可餐、何闰、张福寿名；次则“武陵班”，以何韵士、傅吉甫、夏清之名；再次则“梯仙班”，以高眉生、李岕生、马蓝生名；再次则“吴郡班”，以王畹生、夏汝开、杨啸生名；再次则“苏小小班”，以马小卿、潘小妃名；再次则平子“茂苑班”，以李含香、顾岕竹、应楚烟、杨騄駬名。主人解事日精一日，而傒童技艺亦愈出愈奇。

余历年半百，小傒自小而老、老而复小、小而复老者，凡五易之。无论“可餐”“武陵”诸人，如三代法物，不可复见；“梯仙”“吴郡”间有存者，皆为佝偻老人；而“苏小小班”亦强半化为异物矣；“茂苑班”则吾弟先去，而诸人再易其主。余则婆娑一老，以碧眼波斯，尚能别其妍丑。山中人至海上归，种种海错皆在其眼，请共舐之。

［译文］

谢太傅不蓄养戏班，说：“畏解，故不蓄。”王右军说：“老年赖丝竹陶写，恒恐儿辈觉。”用“解”和“觉”来解释，古人用字精确。因为声音最能深入人心，了解了就不能自已，通晓了就停不下来。

我家从前没养过戏班，自从我祖父在万历年间和范长白、邹愚公、黄贞父、包涵所各位先生探究声伎之道，才破天荒建了戏班。有“可餐班”，以张彩、王可餐、何闰、张福寿有名气；次的有“武陵班”，以何韵士、傅吉甫、夏清之有名气；再次的有“梯仙班”，以高眉生、李岕生、马蓝生有名气；再次的有“吴郡班”，以王畹生、夏汝开、杨啸生有名气；再次的有“苏小小班”，以马小卿、潘小妃有名；再次的有平子的“茂苑班”，以李含香、顾岕竹、应楚烟、杨騄駬有名气。主人对戏剧见解越来越精，学戏的小童技艺也越来越出众。

我活了半百，眼见着学戏小童们从小变老、老的换成小的、小的又变老，一共换了五拨。“可餐”“武陵”班的人，已经像夏商周的古物，再看不到了；“梯仙”“吴郡”班有活着的，都已是身形佝偻的老人；而“苏小小班”成员也大半已经去世；“茂苑班”在我弟弟去世后，各个又换了主人。我已是步履蹒跚的老人，但还是有珠宝商人的眼光鉴别美丑。回忆过去，像山中人从海上归来，各种海鲜都在眼前，让我们一起品味吧。

方物

越中清馋，无过余者。喜啖方物。北京则苹婆果、黄鼠马牙松；山东则羊肚菜、秋白梨、文官果、甜子；福建则福橘、福橘饼、牛皮糖、红腐乳；江西则青根、丰城脯；山西则天花菜；苏州则带骨鲍螺、山查丁、山查糕、松子糖、白圆、橄榄脯；嘉兴则马交鱼脯、陶庄黄雀；南京则套樱桃、桃门枣、地栗团、窝笋团、山查糖；杭州则西瓜、鸡豆子、花下藕、韭芽、玄笋、塘栖蜜橘；萧山则杨梅、莼菜、鸠鸟、青鲫、方柿；诸暨则香狸、樱桃、虎栗；嵊则蕨粉、细榧；龙游糖；临海则枕头瓜；台州则瓦楞蚶、江瑶柱；浦江则火肉；东阳则南枣；山阴则破塘笋、谢橘、独山菱、河蟹、三江屯蛏、白蛤、江鱼、鲥鱼、里河鰦。远则岁致之，近则月致之、日致之。眈眈逐逐，日为口腹谋，罪孽固重。但由今思之，四方兵燹，寸寸割裂，钱塘衣带水，犹不敢轻渡，则向之传食四方，不可不谓之福德也。

[译文]

越中没有人比我更嘴馋，喜欢吃各地土特产。我爱吃的东西，北京的有苹婆果、黄鼠、马牙松；山东的有羊肚菜、秋白梨、文官果、甜子；福建的有福橘、福橘饼、牛皮糖、红腐乳；江西的有青根、丰城脯；山西的有天花菜；苏州的有带骨鲍螺、山楂丁、山楂糕、松子糖、白圆、橄榄脯；嘉兴的有马交鱼脯、陶庄黄雀；南京的有套樱桃、桃门枣、地栗团、窝笋团、山楂糖；杭州的有西瓜、鸡豆子、花下藕、韭芽、玄笋、塘栖蜜橘;萧山的有杨梅、莼菜、鸠鸟、青鲫、方柿；诸暨的有香狸、樱桃、虎栗；嵊州的有厥粉、细榧、龙游糖；临海的有枕头瓜；台州的有瓦楞蚶、江瑶柱；浦江的有火肉；东阳的有南枣；山阴的有破塘笋、谢橘、独山菱、河蟹、三江屯蛏、白蛤、江鱼、鲥鱼、里河鰦。这些东西产地远的我就每年买一次，近的就每月买或是每天买。我瞪大眼睛望眼欲穿，每天都想的是吃，罪孽太深了。在今天想起这些事，如今处处战火，山河被分割，钱塘江一衣带水，都不敢轻易渡过去，从前可以吃到天下美食，不能不说是福德深厚啊。

祁止祥癖

人无癖不可与交，以其无深情也；人无疵不可与交，以其无真气也。

余友祁止祥有书画癖，有蹴鞠癖，有鼓钹癖，有鬼戏癖，有梨园癖。壬午，至南都，止祥出阿宝示余。余谓:“此西方迦陵鸟，何处得来？”阿宝妖冶如蕊女，而娇痴无赖，故作涩勒，不肯着人。如食橄榄，咽涩无味，而韵在回甘；如吃烟酒，鲠饷无奈，而软同沾醉。初如可厌，而过即思之。

止祥精音律，咬钉嚼铁，一字百磨，口口亲授，阿宝辈皆能曲通主意。乙酉，南都失守，止祥奔归。遇土贼，刀剑加颈，性命可倾，至宝是宝。丙戌，以监军驻台州，乱民卤掠，止祥囊箧都尽，阿宝沿途唱曲，以膳主人。及归，刚半月，又挟之远去。止祥去妻子如脱屣耳，独以娈童崽子为性命，其癖如此。

[译文]

没有癖好的人不能交往，因为他没有深情；没有缺点的人不可以交往，因为他虚假。

我的朋友祁止祥有书法绘画的癖好，有踢球的癖好，有敲鼓击钹的癖好，有看鬼戏的癖好，有蓄养戏班的癖好。壬午年，我到南都，止祥叫出阿宝让我看，我说："这西方迦陵鸟一样神奇的人，你是从哪里得到的？"阿宝像天上的仙女一样妖冶，又娇憨顽皮，故意做出不顺从的样子，和人不亲近。与阿宝相处，就像吃橄榄，刚吃时又涩又没有味道，可是妙处在回味甘甜；好像烟酒，虽堵住喉咙让人难受，但很快就会感到绵软柔和，像有了小小醉意。刚见到阿宝会感到厌恶，过后就会想念。止祥精通音律，用咬钉嚼铁一样的毅力每个字反复磨炼，亲自传授，阿宝他们都掌握了戏曲的要义。

乙酉年，南都失守，止祥逃难时遇到土匪，土匪把刀剑架在他的脖子上，他的性命危在旦夕，可把阿宝视作比自己性命还珍贵的宝贝。丙戌年，他以监军的身份驻守台州，暴乱的民众四处抢劫，止祥的财物被洗劫一空，阿宝靠沿途卖唱，养活主人。回到家后，刚过半个月，他又带着阿宝远走。止祥抛弃妻子像扔掉鞋子一样随意，单单把男宠看得同性命一样宝贵，他的癖好就是这样。

泰安州客店

客店至泰安州，不复敢以客店目之。余进香泰山，未至店里许，见驴马槽房二三十间；再近，有戏子寓二十余处；再近，则密户曲房，皆妓女妖冶其中。余谓是一州之事，不知其为一店之事也。

投店者，先至一厅事，上簿挂号，人纳店例银三钱八分，又人纳税山银一钱八分。店房三等：下客夜素早亦素，午在山上用素酒果核劳之，谓之“接顶”。夜至店，设席贺，谓烧香后求官得官，求子得子，求利得利，故曰贺也。贺亦三等：上者专席，糖饼、五果、十肴、果核、演戏；次者二人一席，亦糖饼，亦肴核，亦演戏；下者三四人一席，亦糖饼、肴核，不演戏，用弹唱。计其店中，演戏者二十余处，弹唱者不胜计。庖厨炊爨亦二十余所，奔走服役者一二百人。下山后，荤酒狎妓惟所欲，此皆一日事也。若上山落山，客日日至，而新旧客房不相袭，荤素庖厨不相混，迎送厮役不相兼，是则不可测识之矣。泰安一州与此店比者五六所，又更奇。

[译文]

我到泰安州住客店，之后再不敢用客店来看待它。我去泰山进香，离客店还有一里多地，见到牲口棚二三十间；再近一些，有唱戏人住的房子二十余处；更近一些，见到遮蔽严实、曲曲弯弯的房子里，妖冶的妓女在里面卖弄风情。我以为这是整个一州的规模，不知道只是一家客店独有的。

住店的人，先到一个大厅，在登记簿上挂号，每个人交店例钱三钱八分，每个人又交税山银一钱八分。住房有三等：下等客房早餐和晚餐都是素食，中午在山上提供素酒和干果充饥，叫“接顶”。夜晚回到店里，摆设酒席庆贺，意思是说烧香后求官得官，求子得子，求利得利，所以叫作贺。贺宴又分三等：上等是专席，有糖饼、五种水果、十道菜肴、干果、戏曲表演；次等二人一席，也有糖饼，也有菜肴、干果，也有戏曲表演；下等三四人一席，也有糖饼、菜肴、干果，没有戏曲表演，有弹唱表演。我估计客店里演戏的有二十余处，弹唱的数不过来。厨房也有二十余处，在席间上菜服务的有一二百人。下山后，客人们享受美酒佳肴，找妓女寻欢作乐为所欲为。这就是一天的安排。上山下山的客人天天都有，但是新旧客房不冲突，荤素厨房不混杂，迎来送往的仆役各司其职，无法推测是怎么运作的。泰安州内和这家店规模相当的有五六家，更让人惊奇。

卷五

范长白

范长白园在天平山下，万石都焉。龙性难驯，石皆笏起。旁为范文正墓。园外有长堤，桃柳曲桥，蟠屈湖面，桥尽抵园，园门故作低小，进门则长廊复壁，直达山麓。其绘楼幔阁、秘室曲房，故故匿之，不使人见也。

山之左为“桃源”，峭壁回湍，桃花片片流出。右“孤山”，种梅千树。渡涧为“小兰亭”，茂林修竹，曲水流觞，件件有之。竹大如椽，明静娟洁，打磨滑泽如扇骨，是则兰亭所无也。地必古迹，名必古人，此是主人学问。但桃则溪之，梅则屿之，竹则林之，尽可自名其家，不必寄人篱下也。

余至，主人出见。主人与大父同籍，以奇丑著。是日释褐，大父嬲之曰：“丑不冠带，范年兄亦冠带了也。”人传以笑。余亟欲一见。及出，状貌果奇，似羊肚石雕一小猱，其鼻垩颧颐犹残缺失次也。冠履精洁，若谐谑谈笑面目中不应有此。

开山堂小饮，绮疏藻幕，备极华褥，秘阁清讴，丝竹摇飏，忽出层垣，知为女乐。饮罢，又移席小兰亭。比晚辞去，主人曰：“宽坐，请看‘少焉’。”余不解。主人曰：“吾乡有缙绅先生，喜调文袋，以《赤壁赋》有‘少焉月出于东山之上’句，遂字月为‘少焉’。顷言‘少焉’者，月也。”固留看月，晚景果妙。主人曰：“四方客来，都不及见小园雪，山石岖岈，银涛蹴起，掀翻五泄，捣碎龙湫，世上伟观，惜不令宗子见也。”步月而出，至玄墓，宿葆生叔书画舫中。

[译文]

范长白的园子坐落在苏州太平山下，那里无数的石头聚集在一起。太平山像难以驯服的龙，石头都像笏板一样笔直矗立，园子旁边是范仲淹墓。园的外面有长堤，桃树、柳树掩映下的小桥曲曲折折，像龙一样蜿蜒在湖面上，桥的尽头就是园子，园门故意做得又低又小，进门后有长长的走廊和夹墙，一直通到山下。园内雕梁画栋的楼台、挂着纱幔的亭阁、秘室深屋，都被故意遮盖住，不让人看见。

山的左边是桃花源，峭壁旁有回旋的急流，桃花一片片顺水而下。右边是孤山，种着千株梅花。渡过小溪后就是小兰亭，茂林修竹，曲水流觞，每种景物都具备。竹子粗大得像椽子，明净美好，打磨得又滑又有光泽好像扇骨一样，这是兰亭没有的。园子的景观仿照古迹，以古人命名，这是主人有学问的表现。但是在溪边种桃树，在山丘种梅，在林中种竹子，完全可以自己取名，不必模仿古人。

我来到园子，主人出来接见。主人和我祖父是同年的进士，因为奇丑而出名。他刚刚做官时，我祖父戏弄他说："长得丑的人是不能穿官服做官的，范年兄也做官了。"大家笑传。我急着想见到他的尊容。看到他露面，外表真的不一般，像是用羊肚石雕的一只小猕猴，鼻子是白色的，面颊好像残缺不全，五官歪扭。他穿着讲究整洁，被人调侃的人好像不会这样。

我们在开山堂喝酒，堂内窗子雕着花纹，帷幕绘着彩饰，华丽到极致。清丽的歌声从秘阁传来，丝竹声音悠扬地从几层墙后飘出，听得出是女子演奏的。饮罢，我们又到小兰亭畅谈，天色已晚我要告辞回去。主人又说："再放松坐一会儿，请你看'少焉’。”我不明白，主人又说：“我们这里有位缙绅，喜欢卖弄学问，因为《赤壁赋》中有‘少焉月出于东山之上’的句子，于是把月亮叫作‘少焉’。刚才说的‘少焉’，就是月亮。”他一定要挽留我看月亮，夜景果然美好。主人说：“四方的客人来园子，都没机会看到小园的雪景，那时山石深邃，积雪像银色的波涛翻腾，像掀翻了瀑布，捣碎了龙湫，是这世上十分宏伟的景象，可惜你是看不到了。”我踏着月光出来，一直走到玄墓山，在二叔张联芳的画舫中留宿。

于园

于园在瓜洲步五里铺，富人于五所园也。非显者刺，则门钥不得出。葆生叔同知瓜洲，携余往，主人处处款之。园中无他奇，奇在磥石。前堂石坡高二丈，上植果子松数棵，缘坡植牡丹、芍药，人不得上，以实奇。后厅临大池，池中奇峰绝壑，陡上陡下，人走池底，仰视莲花，反在天上，以空奇。卧房槛外，一壑旋下如螺蛳缠，以幽阴深邃奇。再后一水阁，长如艇子，跨小河，四围灌木蒙丛，禽鸟啾唧，如深山茂林，坐其中，颓然碧窈。瓜洲诸园亭，俱以假山显，胎于石，娠于磥石之手，男女于琢磨搜剔之主人，至于园可无憾矣。

仪真汪园，辇石费至四五万，其所最加意者，为“飞来”一峰，阴翳泥泞，供人唾骂。余见其弃地下一白石，高一丈、阔二丈而痴，痴妙；一黑石，阔八尺、高丈五而瘦，瘦妙。得此二石足矣，省下二三万收其子母，以世守此二石何如？

[译文]

于园坐落在瓜州码头的五里铺，是有钱人于五造的园子。如果不是有身份地位的人递上名帖，就不能入园。葆声叔在瓜州做官，带我一起去游玩，主人热情款待。园子没有其他奇特处，奇特的只有那些形形色色堆垒的石头。大堂前的石坡有两丈高，上面种着果树和松树，沿石坡种着牡丹、芍药，人不能上去，这里石头的奇妙处在于实用。后厅挨着一个大池子，池子中奇峰绝壑，直上直下，人走在池底，抬头看莲花，好像开在天空，这里石头的奇妙处在于空灵。卧室的门槛外，一条石沟像螺蛳壳一样盘旋而下，这里石头的奇妙处在于景色幽静深邃。再往后有一间水阁，很长像小艇，跨过小河，四周灌木茂盛，鸟鸣婉转，好像深山密林，人坐在里面，像是沉浸在碧绿幽深中。瓜州的园亭，都以假山出名，它们在自然的山石中怀胎，在造假山的匠人手中孕育，在主人的精细构思中诞生，放在园子中就没有遗憾了。

仪真的汪园，搬运石头的花费有四五万，其中最得意的，是“飞来峰”，又黑又脏，被人嫌弃唾骂。我看到主人丢在地上的一块白石头，高一丈、宽二丈，形状痴肥，妙处在痴；一块黑色石头，宽八尺、高一丈五，形状细瘦，妙处在瘦。我要是得到这两块石头就知足了，省下二三万买下，世代守护这两块石头怎么样？

诸工

竹与漆与铜与窑，贱工也。嘉兴之腊竹，王二之漆竹，苏州姜华雨之箣箓竹，嘉兴洪漆之漆、张铜之铜，徽州吴明官之窑，皆以竹与漆与铜与窑名家起家，而其人且与缙绅先生列坐抗礼焉。则天下何物不足以贵人，特人自贱之耳。

［译文］

竹匠、漆匠、铜匠、窑匠，都是低贱的工作。嘉兴做蜡竹制品的人，做漆竹制品的王二，苏州做箣箓竹制品的姜华雨，嘉兴做漆器的洪漆，做铜器的张铜，徽州做窑器的吴明官，都是因为成了竹器、漆器、铜器、窑器的名家而成就家业，他们地位也和缙绅们旗鼓相当。天下职业都可以使人高贵，不过是有的人认识不到自轻自贱罢了。

姚简叔画

姚简叔画千古，人亦千古。戊寅，简叔客魏为上宾。余寓桃叶渡，往来者闵汶水、曾波臣一二人而已。简叔无半面交，访余，一见如平生欢，遂榻余寓。与余料理米盐之事，不使余知。有空，则拉余饮淮上馆，潦倒而归。京中诸勋戚、大老、朋侪、缁衲、高人、名妓与简叔交者，必使交余，无或遗者。与余同起居者十日，有苍头至，方知其有妾在寓也。

简叔塞渊，不露聪明，为人落落难合，孤意一往，使人不可亲疏。与余交不知何缘，反而求之不得也。访友报恩寺，出册叶百方，宋元名笔。简叔眼光透入重纸，据梧精思，面无人色。及归，为余仿苏汉臣一图：小儿方据澡盆浴，一脚入水，一脚退缩欲出；宫人蹲盆侧，一手掖儿，一手为儿擤鼻涕；旁坐宫娥，一儿浴起，伏其膝，为结绣裾。一图：宫娥盛装端立有所俟，双鬟尾之；一侍儿捧盘，盘列二瓯，意色向客；一宫娥持其盘，为整茶锹，详视端谨。复视原本，一笔不失。

［译文］

姚简叔的画能流传千古，他的人品也是千载难逢。戊寅年，简叔客居魏国公家，被待为上宾。我寓居桃叶渡，交往的也就是闵汶水、曾波臣一二人罢了。简叔和我素无交集，他来拜访我，一见如故，于是住在我的寓所，为我打理柴米油盐的事情，不让我察觉。有空时，他就拉着我到秦淮河边酒馆喝酒，喝到酩酊大醉才回来。南京城中和简叔交往的皇亲国戚、德高位尊者、朋友、高僧、高人、名妓，他一定让他们结识我，没有一个遗漏。他和我一同居住十天，有个老仆人找到他，我才知道他还有侍妾住在寓所。

简叔敦厚，知识渊博但深藏不露，为人孤僻不合群，执拗固执，让人不好亲近。他和我不知是什么缘分，反而求之不得与我交往。我们到报恩寺拜访朋友，朋友拿出有百张画页的册页，都是出自宋元之笔。简叔的目光好像穿透层层画纸，他倚靠茶几聚精会神思索，脸上都失去了颜色。等到回来，他为我模仿画了一幅苏汉臣的画，画的是一个小孩儿正要进澡盆里洗澡，一只脚站在水里，另一只脚退缩想从澡盆出来。宫女蹲在盆边，一只手拽着小孩儿，另一只手为小孩儿擦鼻涕。旁边坐着一个宫女，有一个小孩儿洗完澡趴在她的膝盖上，宫女为他穿衣服。还有一张画，宫女衣着庄重，端庄站立像在等待什么，两个小宫女跟在后面。一个宫女托着盘子，盘子上摆着两个茶杯，好像要招待客人；一个宫女拿着盘子，为客人整理茶匙，仔细看表情端庄谨慎。和原画对照，一笔都没画错。

炉峰月

炉峰绝顶，复岫回峦，斗耸相乱。千丈岩陬牙横梧，两石不相接者丈许，俯身下视，足震慑不得前。王文成少年曾趵而过，人服其胆。余叔尔蕴以毡裹体，缒而下。余挟二樵子，从壑底搲而上，可谓痴绝。

丁卯四月，余读书天瓦庵，午后同二三友人登绝顶，看落照。一友曰："少需之，俟月出去。胜期难再得，纵遇虎，亦命也。且虎亦有道，夜则下山觅豚犬食耳，渠上山亦看月耶？"语亦有理。四人踞坐金简石上。是日，月正望，日没月出，山中草木都发光怪，悄然生恐。月白路明，相与策杖而下。行未数武，半山嘄呼，乃余苍头同山僧七八人，持火燎、[illegible]刀、木棍，疑余辈遇虎失路，缘山叫喊耳。余接声应，奔而上，扶掖下之。

次日，山背有人言："昨晚更定，有火燎数十把，大盗百余人，过张公岭，不知出何地？"吾辈匿笑不之语。谢灵运开山临澥，从者数百人，太守王琇惊骇，谓是山贼，及知为灵运，乃安。吾辈是夜不以山贼缚献太守，亦幸矣。

［译文］

香炉峰的绝顶，山峦起伏曲折，山峰耸立交错。千丈岩山石杂乱无章，两块石头间有一丈多的距离，低头向下看，吓得人不敢再往前走。王文成年轻时曾经跳了过去，众人都佩服他的胆量。我的叔叔尔蕴曾经用毡子裹住身体，捆起来下到谷底。我和两个砍柴人，曾经从谷底爬上来，现在想来真是太痴愚了。

丁卯年四月，我在天瓦庵读书，午后和二三个友人攀登绝顶，看落日。一个友人说:“再等一会儿，等月亮升起再离开。这样的好机会恐怕不再有，就是遇到老虎，也是命中注定。而且老虎也有自身规律，夜晚就下山找小动物充饥，难道它也上山看月亮吗？”说得也有道理。我们四个人盘腿坐在金简石上等着看月亮。那一天，正逢十五，太阳下山，月亮升起，山中的草木在月光下都发出奇怪的光，寂静无声，让人害怕。月光很亮，照得山路清晰，我们互相扶持拄着拐杖下山。走了没多远，我听到半山腰有人叫喊，原来是我的老仆人和山里的僧人一共七八个人，拿着火把、短刀、木棍，他们担心我们遇到老虎迷了路，顺着山路呼唤我们。我大声回应，他们奔跑上来，搀扶着我们下山。

次日，山后有人说:“昨天晚上八九点，有几十支火把，百余个大盗，从张公岭经过，不知道从哪里来？”我们暗地里笑而不答。谢灵运在临海开山，跟随的有几百人，太守王琇很惊恐，以为是山贼，等知道是谢灵运，才安心。我们几个没被山民当成山贼捆起来交给太守，也是万幸。

湘湖

西湖，田也而湖之，成湖焉；湘湖，亦田也而湖之，不成湖焉。湖西湖者，坡公也，有意于湖而湖之者也；湖湘湖者，任长者也，不愿湖而湖之者也。任长者有湘湖田数百顷，称巨富。有术者相其一夜而贫，不信。县官请湖湘湖，灌萧山田，诏湖之，而长者之田一夜失，遂赤贫如术者言。

今虽湖，尚田也，不下插板，不筑堰，则水立涸；是以湖中水道，非熟于湖者不能行咫尺。游湖者坚欲去，必寻湖中小船与湖中识水道之人，溯十阏三，鲠咽不之畅焉。

湖里外锁以桥，里湖愈佳。盖西湖止一湖心亭为眼中黑子，湘湖皆小阜、小墩、小山乱插水面。四围山趾，棱棱砺砺，濡足入水，尤为奇峭。余谓西湖如名妓，人人得而媟亵之；鉴湖如闺秀，可钦而不可狎；湘湖如处子，眠娗羞涩，犹及见其未嫁时也。此是定评，确不可易。

［译文］

西湖是把田变为湖，形成了湖；湘湖，也是把田变为湖，没有形成湖。开挖西湖的，是苏东坡，他想要造湖所以开挖；开挖湘湖的，是任长者，他不想造湖却开挖。任长者有几百顷湘湖田，被称为巨富。有算命的人看相说他会一夜间变贫困，他不相信。县官请求将湘湖开挖成湖泊，灌溉萧山的农田，命令挖田成湖，任长者的田地一夜间都没了，于是正像算命的人所说，变为赤贫。

湘湖现在虽然成了湖泊，却还可以种田，如果不立插板夯土，不筑堰墙，那湖水立刻干涸；因此，湖中的水路，不是熟悉湘湖的人走不了几步。游湖的人一定要去，必须找湖中的小船和湖中通晓水道的人，否则水道堵塞不通，像鱼刺卡着嗓子一样不畅快。

里湖和外湖有桥相通，里湖风景更好。西湖中只有一座湖心亭像眼中的瞳仁，湘湖中有众多小土山、小土墩、小山头胡乱插在水面上，四周被山脚围着，山石坚硬粗粝，浸润在水里，更显得十分峻峭。我说西湖像名妓，每个人都可以轻薄；鉴湖像大家闺秀，可以仰慕但不可以亲昵失礼；湘湖像处子，腼腆羞涩，还可以看到未嫁时的样子。这是定论，绝不能更改。

柳敬亭说书

南京柳麻子，黧黑，满面疤瘤，悠悠忽忽，土木形骸。善说书。一日说书一回，定价一两。十日前先送书帕下定，常不得空。南京一时有两行情人：王月生、柳麻子是也。余听其说《景阳冈武松打虎》白文，与本传大异。其描写刻画，微入毫发，然又找截干净，并不唠叨。勃夬声如巨钟，说至筋节处，叱咤叫喊，汹汹崩屋。武松到店沽酒，店内无人，謈地一吼，店中空缸空甓皆瓮瓮有声。闲中着色，细微至此。

主人必屏息静坐，倾耳听之，彼方掉舌。稍见下人呫哔耳语，听者欠伸有倦色，辄不言，故不得强。每至丙夜，拭桌剪灯，素瓷静递，款款言之，其疾徐轻重，吞吐抑扬，入情入理，入筋入骨，摘世上说书之耳而使之谛听，不怕其不齰舌死也。

柳麻子貌奇丑，然其口角波俏，眼目流利，衣服恬静，直与王月生同其婉娈，故其行情正等。

［译文］

南京柳麻子，长得很黑，脸上有很多疤。他举止悠闲恬淡随意自然，善于说书。他每天说一回书，要收酬金一两银子。想请他说书要提前十天送定金下定，常常因为他没时间而请不到。当时南京有两个人走红：一个是王月生，一个是柳麻子。我听过他说《景阳冈武松打虎》的说白，和小说出入很大。他对人物场景的描写刻画，细致入微，可是又直截了当、干净利落，绝不拖沓唠叨。他说书声如洪钟，说到高潮处发出怒喝、叫喊，势头凶猛像要震塌房子。他说到武松进店买酒，店里没有人，他大声一吼，店里空着的缸和瓮都发出了共鸣。他对不重要细节的刻画都细致到了这种程度。

主人一定要屏住呼吸安静坐好，侧耳倾听，他才会开讲。但凡看见听书人窃窃耳语、打哈欠、伸懒腰、面露倦色，他就停下来不说，谁也不能勉强他。每到夜半三更之时，他擦干净桌子，剪掉灯芯，用白瓷盏静静喝茶，缓缓开口道来。他说书节奏快慢、语气轻重、情绪高低抑扬都处理得合情合理，深入到位。如果摘下世上说书人的耳朵让他们仔细听，他们恐怕都要自愧不如咬舌自尽。

柳麻子长相奇丑，但是他口齿伶俐，目光灵动，服饰整洁得体，简直和王月生一样赏心悦目，所以他们两人一样走红。

樊江陈氏橘

樊江陈氏，辟地为果园，枸菊围之。自麦为蒟酱，自秫酿酒，酒香冽，色如淡金蜜珀，酒人称之。自果自蓏，以螯乳醴之为冥果。

树谢橘百株，青不撷，酸不撷，不树上红不撷，不霜不撷，不连蒂剪不撷。故其所撷，橘皮宽而绽，色黄而深，瓤坚而脆，筋解而脱，味甜而鲜。第四门、陶堰、道墟以至塘栖，皆无其比。

余岁必亲至其园买橘，宁迟，宁贵，宁少。购得之，用黄砂缸，藉以金城稻草或燥松毛收之。阅十日，草有润气，又更换之，可藏至三月尽，甘脆如新撷者。枸菊城主人橘百树，岁获绢百匹，不愧木奴。

[译文]

樊江陈氏，开垦土地建成果园，四面种枸杞、菊花围起来。他自己种麦子做成蒟酱，自己种高粱酿酒，酒清香甘冽，颜色像淡金色的琥珀，爱喝酒的人都称赞。他自己种的瓜果，用蜂蜜浸泡做成蜜饯。

他种了百株谢橘，颜色青的不能摘，味道酸的不能摘，不是树上成熟的不能摘，没经过霜打的不能摘，不是带着果蒂剪的不能摘。所以凡是采摘的橘子，橘皮都宽而且舒展，颜色深黄，果肉硬实又很脆，橘络容易剥掉、脱落，味道又甜又鲜。第四门、陶堰、道墟甚至塘栖的橘子，都不能和它相比。

我每年一定会亲自到这个果园买橘子，哪怕晚、哪怕贵、哪怕少。买来后，用黄砂缸，借助金城稻草或是干燥的松枝储存。过十天，草变湿润了，再换掉。可以贮藏到三月底，橘子甘甜，水分充足像新摘的一样。枸菊城的主人种了百株橘树，每年收获颇丰，橘树真不愧被叫作“木奴”。

治沅堂

古有拆字法。宣和间，成都谢石拆字，言祸福如响。钦宗闻之，书一“朝”字，令中贵人持试之。石见字，端视中贵人曰：“此非观察书也。”中贵人愕然。石曰：“‘朝’字离之为‘十月十日’，乃此月此日所生之天人，得非上位耶？”一国骇异。

吾越谢文正厅事名“保锡堂”，后易之他姓，主人至，亟去其匾，人问之，曰：“分明写‘呆人易金堂’。”朱石门为文选署中额“典剧”二字。继之者顾诸吏曰：“尔知朱公意乎？此二字离合言之，曰：‘曲处曲处，八刀八刀’耳。”歙许相国孙志吉为大理评事，受魏珰指案卖黄山，势张甚。当道媚之，送一匾曰“大卜于门”。里人夜至，增减其笔画凡三：一曰“天下未闻”；一倒读之曰“阉手下犬”，一曰“太平拿问”。后直指提问，械至太平，果如其言。凡此数者皆有义味。

而吾乡缙绅有名“治沅堂”者，人不解其义，问之，笑不答，力究之，缙绅曰：“无他意，亦止取‘三台三元’之义云耳！”闻者喷饭。

[译文]

古时就有拆字测凶吉的占卜法。宣和年间，成都的谢石能拆字，预测的祸福很快就会应验。钦宗听说后，写了一个“朝”字，让太监拿去试试他。谢石见到字，仔细打量太监说：“这不是大人您写的。”太监大吃一惊。谢石说：“‘朝’字拆开是‘十月十日’，写这个字的是此月此日出生的天人，莫非是皇上？”所有人都大为惊异。

越中谢文征的办公地点叫“保锡堂”，后来换了主人，新主人到了，急忙换掉匾额，有人问缘故，他说：“匾上分明写的是‘呆人易金堂’。”朱石门为文选署中堂写了匾额“典剧”二字，继任者看着各位官员说：“你们知道朱公的用意吗？这两个字拆开就是说：‘曲处曲处，八刀八刀’。”歙县许国的孙子志吉任大理寺评事，受魏忠贤指使，在徽州卖黄山一案中徇私舞弊，气焰嚣张，有当官的人献媚，送了一块匾写着“大卜于门”。有人晚上去，在匾上增减笔画使其有了三种意思：一是“天下未闻”；二是倒过来读成“阄手下犬”；三是“太平拿问”。后来直指提审他，把他押送到太平府，果然像拆字预言的。以上这些都让人品味。

而我家乡的一个缙绅把他的厅堂命名“治沅堂”，人们不知道是何用意，问他，他笑而不答，人们一定要探究此事，缙绅说：“没别的意思，不过是取了‘三台三元’的意思罢了！”听到的人笑得喷饭。

虎丘中秋夜

虎丘八月半，土著流寓、士夫眷属、女乐声伎、曲中名妓戏婆、民间少妇好女、崽子娈童，及游冶恶少、清客帮闲、傒童走空之辈，无不鳞集。自生公台、千人石、鹅涧、剑池、申文定祠下，至试剑石、一二山门，皆铺毡席地坐，登高望之，如雁落平沙，霞铺江上。

天暝月上，鼓吹百十处，大吹大擂，十番铙钹，渔阳掺挝，动地翻天，雷轰鼎沸，呼叫不闻。更定，鼓铙渐歇，丝管繁兴，杂以歌唱，皆“锦帆开”“澄湖万顷”同场大曲，蹲踏和锣，丝竹、肉声，不辨拍煞。

更深，人渐散去，士夫眷属皆下船水嬉，席席征歌，人人献技，南北杂之，管弦叠奏，听者方辨句字，藻鉴随之。二鼓人静，悉屏管弦，洞箫一缕，哀涩清绵，与肉相引，尚存三四，迭更为之。三鼓，月孤气肃，人皆寂阒，不杂蚊虻。一夫登场，高坐石上，不箫不拍，声出如丝，裂石穿云，串度抑扬，一字一刻。听者寻入针芥，心血为枯，不敢击节，惟有点头。然此时雁比而坐者，犹存百十人焉。使非苏州，焉讨识者！

［译文］

虎丘在中秋节这一天，当地人和外乡人、士大夫和眷属、女戏子、曲巷中的名妓和戏婆、民间少妇和妙龄女子、娈童和浪荡子弟、清客帮闲、奴仆和骗子这些人，都像鱼鳞一样密集地聚在一起。人们从生公台、千人石、鹤涧、剑池、申文定祠开始，下到试剑石、一二山门，铺着毡子席地而坐。登到高处望去，就像一只只大雁落在平旷的沙地上，像霞光铺满江面。

天色晚了月亮升起，有百十处吹拉弹唱，声势浩大。十番铙钹敲响，渔阳掺挝的乐曲奏起，天翻地动，雷声鼎沸，大声喊叫都听不见。晚上八点，鼓声和铙声渐渐停歇，丝竹管乐声热烈响起，夹杂着歌唱，唱的都是“锦帆开”“澄湖万顷”这样的多人合唱的曲子，各种杂音夹杂着乐器和歌唱声，分不清节拍。

半夜以后，人们渐渐散去，士大夫和眷属都下到船中在水上嬉戏，互相邀歌献艺，南腔北调，管乐弦乐齐奏，听的人刚听清唱词，就马上鉴赏品评。二更天后人声安静下来，管弦声停止了，一缕洞箫声飘来，哀婉苦涩，清幽绵长，和歌声相应和，这样的组合还有三四处，交替着出现。三更天后，月色孤寒气势肃然。人们寂静无声，连蚊虫的声音都没有。一个人登场，坐在高高的石头上，不吹箫不打节拍，起初声音很细，继而裂石穿云，发声吐字或抑或扬，每个字都深入人心。听众都被细微处打动，完全沉浸在歌声里，不敢击节喝彩，只有点头称赞。此时像大雁一样坐着的还有百十人。如果不是在苏州，哪里能找到知音！

麋公

万历甲辰，有老医驯一大角鹿，以铁钳其趾，设鞍韅其上，用笼头衔勒，骑而走，角上挂葫芦药瓮，随所病出药，服之辄愈。家大人见之喜，欲售其鹿，老人欣然肯，解以赠，大人以三十金售之。

五月朔日，为大父寿。大父伟硕，跨之走数百步，辄立而喘，常命小傒笼之，从游山泽。次年，至云间，解赠陈眉公。眉公羸瘦，行可连二三里，大喜。后携至西湖六桥三竺间，竹冠羽衣，往来于长堤深柳之下，见者啧啧，称为“谪仙”。后眉公复号“麋公”者，以此。

[译文]

万历甲辰年，有一个老医生驯养了一头大角鹿，用铁夹夹住它的足趾，给它戴上有花纹的皮腹带，套上笼头控制它，骑着它行走，鹿角上挂着一只药葫芦，按照病人的病情给药，病人吃了就能痊愈。我父亲见到很喜欢，想买下这头鹿。老医生很高兴，答应卖给他。我父亲用三十两银子买下。

五月初一，我父亲把大角鹿牵来为我祖父祝寿，我祖父身材伟硕，骑在它上面走了几百步，鹿就停下来喘气，祖父经常命令小仆人给它戴上笼头，跟着祖父在山林游走。第二年，祖父到云间，把它赠给陈眉公。眉公羸弱消瘦，骑着鹿可以走二三里，非常高兴。后来眉公带着鹿到西湖六桥、三竺寺一带，眉公头戴竹子做成的帽子，身穿道士衣服，在长堤和茂密的柳树间行走，见到的人都啧啧称奇，称为“谪仙”。后来眉公又号称“麋公”，就是这样来的。

扬州清明

扬州清明日，城中男女毕出，家家展墓。虽家有数墓，日必展之。故轻车骏马，箫鼓画船，转折再三，不辞往复。监门小户亦携肴核纸钱，走至墓所，祭毕，则席地饮胙。自钞关南门、古渡桥、天宁寺、平山堂一带，靓妆藻野，袨服缛川。

随有货郎，路旁摆设古董古玩并小儿器具。博徒持小杌坐空地，左右铺袒衫半臂，纱裙汗帨，铜炉锡注，瓷瓯漆奁，及肩彘鲜鱼、秋梨福橘之属，呼朋引类，以钱掷地，谓之“跌成”；或六，或八，或十，谓之“六成”“八成”“十成”焉。百十其处，人环观之。

是日，四方流离及徽商西贾、曲中名妓，一切好事之徒，无不咸集。长塘丰草，走马放鹰；高阜平冈，斗鸡蹴踘；茂林清樾，劈阮弹筝。浪子相扑，童稚纸鸢，老僧因果，瞽者说书，立者林林，蹲者蛰蛰。

日暮霞生，车马纷沓。宦门淑秀，车幕尽开。婢媵倦归，山花斜插。臻臻簇簇，夺门而入。余所见者，惟西湖春、秦淮夏、虎丘秋差足比拟。然彼皆团簇一块，如画家横披；此独鱼贯雁比，舒长且三十里焉，则画家之手卷矣。南宋张择端作《清明上河图》，追摹汴京景物，有“西方美人”之思，而余目盱盱，能无梦想！

[译文]

扬州在清明节这一天，城中男男女女都要走出家门，家家都要扫墓。即使家里有几座墓，一天内也要扫完。所以轻快的马车、高头骏马、奏乐的画船，来来往往，不辞辛苦。小户人家也带着供品纸钱，走到墓地。祭祀完，就坐在地上吃祭祀所用的供品。从钞关、南门、古渡桥、天宁寺、平山堂一带望去，美丽的装束像水藻一般遍布田野，华丽的衣服铺满山川。

同时还有货郎在路旁摆摊卖古董古玩和小孩子的玩具。赌博的人拿小凳子坐在空地上，左右地面摆着内衣、半袖衣、纱裙、汗巾、铜炉、锡壶、瓷瓯、漆盒，还有猪肘、鲜鱼、秋梨、福橘之类的物品。他们呼朋引类，用钱扔在地上，叫“跌成”。用六枚、八枚或十枚铜钱，叫作“六成”“八成”“十成”。赌博的摊位有百十处，引得人们围观。

这一天，各地客居扬州的人还有徽州商人、山西商人、曲巷青楼名妓，所有好事之徒，都聚集在这里。大的水塘边野草茂盛的地方，人们纵马、放鹰；山丘或平岗上，人们斗鸡、蹴鞠；茂密树林和清幽树荫下，人们弹奏阮、筝。浪荡子弟相扑摔跤，儿童放风筝，老僧传经布道，盲人说书，有的站着有的蹲着，人头攒动。

天色渐晚，晚霞升起，车马纷至沓来。官宦人家的淑女闺秀，打开马车幕帘，侍女们疲倦地踏上归途，山花斜插在头上，人们簇拥着，争相进入城门。我经历过的，只有西湖的清明节、秦淮河的端午节、虎丘的中秋节，还能和这个场景相比。可那些都是聚集在一起，像画家的横批画，太集中；只有扬州这里像鱼排成队、大雁列成阵，绵延三十里，更像是画家的手卷。宋代张择端作《清明上河图》回忆摹画汴京景物，是对故国的怀念，而我亲眼目睹故国胜景，怎么能不日思夜想！

金山竞渡

看西湖竞渡十二三次，己巳竞渡于秦淮，辛未竞渡于无锡，壬午竞渡于瓜洲，于金山寺。西湖竞渡，以看竞渡之人胜，无锡亦如之。秦淮有灯船无龙船，龙船无瓜洲比，而看龙船亦无金山寺比。

瓜洲龙船一二十只，刻画龙头尾，取其怒；旁坐二十人持大楫，取其悍；中用彩篷，前后旌幢绣伞，取其绚；撞钲挝鼓，取其节；艄后列军器一架，取其锷；龙头上一人足倒竖，战敪其上，取其危；龙尾挂一小儿，取其险。自五月初一至十五，日日画地而出。

五日出金山，镇江亦出。惊湍跳沫，群龙格斗。偶堕洄涡，则百蜐捷捽，蟠委出之。金山上人团簇，隔江望之，蚁附蜂屯，蠢蠢欲动。晚则万艓齐开，两岸沓沓然而沸。

[译文]

我观看过十二三次西湖赛龙舟，己巳年看秦淮龙舟赛，辛未年看无锡龙舟赛，壬午年看瓜州、金山寺龙舟赛。西湖龙舟赛，以观看的人数多取胜，无锡也一样。秦淮有灯船可是没有龙船，龙船都比不过瓜州，而看赛龙舟没有比金山寺更好的地方。

瓜州参加龙舟赛的龙船有一二十只，船头尾都描画着龙，表现龙的愤怒；船两边坐着二十个人，拿着大船桨，表现人的彪悍；船中央搭着彩蓬，前后装饰旌旗、绣伞，显得绚丽多彩；敲锣打鼓，显得节奏鲜明；船艄后面安装一件锋利的兵器，显示该船无往不胜；龙头上有一个人倒立在上面，让人胆战心惊；龙船尾部挂着一个儿童，显得十分惊险。从五月初一到十五，每天划定水面比赛。

五日龙舟从金山寺出发，也有从镇江出发。水面上波浪翻滚、水花飞溅，群龙争霸，龙船偶然掉进漩涡，像很多蟾蜍挤在一起，盘绕回旋挣脱出来。金山上人头攒动，隔江望去，像是蚂蚁和蜜蜂聚集在一起，蠢蠢欲动。晚上所有小船一起开动，两岸喧嚣像一锅沸腾的开水。

刘晖吉女戏

女戏以妖冶恕，以啴缓恕，以态度恕，故女戏者全乎其为恕也。若刘晖吉则异是。刘晖吉奇情幻想，欲补从来梨园之缺陷。如《唐明皇游月宫》，叶法善作场上，一时黑魆地暗，手起剑落，霹雳一声，黑幔忽收，露出一月，其圆如规，四下以羊角染五色云气，中坐常仪，桂树吴刚，白兔捣药。轻纱幔之，内燃“赛月明”数株，光焰青黎，色如初曙。撒布成梁，遂蹑月窟，境界神奇，忘其为戏也。其他如舞灯，十数人手携一灯，忽隐忽现，怪幻百出，匪夷所思，令唐明皇见之，亦必目睁口开，谓氍毹场中那得如许光怪耶！

彭天锡向余道：“女戏至刘晖吉，何必男子！何必彭大！”天锡，曲中南、董，绝少许可，而独心折晖吉家姬，其所鉴赏，定不草草。

[译文]

女子戏班的表演用妖冶的面目、迟缓的动作、心理刻画来模拟再现剧情，所以女戏表演可以概括为模拟再现。像刘晖吉就不是这样。刘晖吉想法奇特，大胆幻想，想弥补一直以来戏曲舞台表现的缺陷。像《唐明皇游月宫》这场戏，叶法善上场，场上立刻一片漆黑，她手起剑落，响起一声霹雳，黑色幕布快速收起，露出一轮月亮，浑圆得像圆规一样，周围用羊角灯渲染五色云雾，中间端坐着嫦娥，还有桂树和吴刚，白兔在捣药。她用轻纱做帷幔，里面点燃几株“赛月明”蜡烛，烛光呈现青黑色，像天刚刚亮。她把布撒在台上做成山梁的样子，于是踩着它进入月宫，境界十分奇异，观众忘了是在看戏。其他的比如舞灯，十几个人手里各拿一盏灯，忽隐忽现，奇幻百出，令人匪夷所思。如果唐明皇见到此景，也会目瞪口呆，感慨舞台上怎么会这样光怪陆离！

彭天锡对我说：“女戏表演在刘晖吉这里，比男子演戏好看！比彭大演戏好看！”天锡是戏曲界直言不讳的人，很少认可别人，可是独独折服于晖吉家的女戏班。以他的鉴赏水平，刘晖吉家的戏班那一定是非常值得称许的。

朱楚生

朱楚生，女戏耳，调腔戏耳。其科白之妙，有本腔不能得十分之一者。盖四明姚益城先生精音律，尝与楚生辈讲究关节，妙入情理，如《江天暮雪》《霄光剑》《画中人》等戏，虽昆山老教师细细摹拟，断不能加其毫末也。班中脚色，足以鼓吹楚生者方留之，故班次愈妙。

楚生色不甚美，虽绝世佳人，无其风韵。楚楚谡谡，其孤意在眉，其深情在睫，其解意在烟视媚行。性命于戏，下全力为之。曲白有误，稍为订正之，虽后数月，其误处必改削如所语。楚生多坐驰，一往深情，摇飏无主。一日，同余在定香桥，日晡烟生，林木窅冥，楚生低头不语，泣如雨下，余问之，作饰语以对。劳心忡忡，终以情死。

［译文］

朱楚生是女戏子，是表演调腔的女戏子。她动作和唱功的妙处，本腔戏演员不及她十分之一。四明的姚益城先生精通音律，曾经向楚生她们传授音律的要义，他精妙的见解深入情理，像《江天暮雪》《霄光剑》《画中人》等剧目，即使是昆曲老教师细细模仿，也绝不能在楚生戏上增加一丝一毫。戏班中的演员，能够烘托楚生的才留下来，所以戏班的档次越来越高。

楚生姿色不太出众，但即使是绝世佳人，也不具备她的风韵。她俊朗高雅，眉目间带着孤傲，目光中含着深情，迷离的眼神和柔媚的动作传达对戏曲的领悟。她把性命托付在表演上，全力以赴。唱词或念白有不对的地方，稍稍修改，几个月以后，不对的地方一定会按她的修改得到更正。楚生常常人坐在那里却魂不守舍，用情至深，却无处依傍，六神无主。一天，她和我一起游定香桥，已近傍晚，烟雾升起，林木幽暗，楚生低头不语，泪如雨下。我问她，她用托词回复我。她心事太重，心力交瘁，最后终于因为爱而死。

扬州瘦马

扬州人日饮食于瘦马之身者数十百人。娶妾者切勿露意，稍透消息，牙婆驵侩，咸集其门，如蝇附膻，撩扑不去。黎明，即促之出门，媒人先到者先挟之去，其余尾其后，接踵伺之。至瘦马家，坐定，进茶，牙婆扶瘦马出，曰："姑娘拜客。"下拜。曰："姑娘往上走。"走。曰："姑娘转身。"转身向明立，面出。曰："姑娘借手睄睄。"尽褫其袂，手出，臂出，肤亦出。曰："姑娘睄相公。"转眼偷觑，眼出。曰："姑娘几岁？"曰几岁，声出。曰："姑娘再走走。"以手拉其裙，趾出。然看趾有法，凡出门裙幅先响者，必大；高系其裙，人未出而趾先出者，必小。曰："姑娘请回。"一人进，一人又出。看一家必五六人，咸如之。看中者，用金簪或钗一股插其鬓，曰"插带"。看不中，出钱数百文，赏牙婆或赏其家侍婢，又去看。牙婆倦，又有数牙婆踵伺之。一日、二日至四五日，不倦亦不尽，然看至五六十人，白面红衫，千篇一律，如学字者，一字写至百至千，连此字亦不认得矣。心与目谋，毫无把柄，不得不聊且迁就，定其一人。

“插带”后，本家出一红单，上写彩缎若干，金花若干，财礼若干，布匹若干，用笔蘸墨，送客点阅。客批财礼及缎匹如其意，则肃客归。归未抵寓，而鼓乐盘担、红绿羊酒在其门久矣。不一刻，而礼币、糕果俱齐，鼓乐导之去。去未半里，而花轿花灯、擎燎火把、山人傧相、纸烛供果牲醴之属，门前环侍。厨子挑一担至，则蔬果、肴馔、汤点、花棚、糖饼、桌围坐褥、酒壶杯箸、龙虎寿星、撒帐牵红、小唱弦索之类，又毕备矣。不待复命，亦不待主人命，而花轿及亲送小轿一齐往迎，鼓乐灯燎，新人轿与亲送轿一时俱到矣。新人拜堂，亲送上席，小唱鼓吹，喧阗热闹。日未午而讨赏遽去，急往他家，又复如是。

[译文]

扬州人每天靠瘦马维生的有数百人。想娶妾的人千万不要透露心思，稍有此意，牙婆、媒婆都蜂拥上门，像苍蝇叮在荤腥上一般，赶不走。黎明就催促要娶妾的人出门，先到的媒人带着他，其余媒人尾随，时刻等待机会。到瘦马家，坐下，敬茶，媒婆扶着瘦马走出来，说:“姑娘拜见客人。”姑娘行礼。媒婆说:“姑娘向前走。”姑娘走起来。媒婆说:“姑娘转身。”姑娘便转过身正面站着，露出面容。媒婆说:“姑娘伸出手看看。”就挽起她们的衣袖，手、胳膊、皮肤都露出来。媒婆说:“姑娘看看相公。”姑娘就转动眼珠偷偷看相公，眼睛也看到了。媒婆说:“姑娘几岁了？”回答几岁，声音便听到了。媒婆说:“姑娘再走走。”用手拉她的裙子，脚就露出来了。这里看脚的大小有方法，凡是出门裙子先出声，脚一定大；裙子系得高，人没出来脚先迈出的，脚一定小。媒婆说:“姑娘请回。”一个进去了，又出来一个。一家有五六个姑娘，都是这样。如果有看中的，用一股金簪或钗插在姑娘鬓上，叫“插带”。没有看中的，赏给媒婆和他家女仆一些钱，再去看其他家。这个媒婆累了，又有几个媒婆紧跟着伺候。一天、两天以至四五天，不累也看不完，可是看过五六十人，白色的脸红色的衣服，千篇一律，像学写字的人一样，一个字写一百一千遍，连这个字都不认得了。要娶妾的人心里想的和眼里看的，一点头绪都没有，不得不迁就着，定下一个人。

“插带”后，养瘦马的人家拿出一张红单，上面写着彩缎若干、金花若干、财礼若干、布匹若干，用笔蘸着墨，送给客人审阅。客人如果批复财礼和缎匹符合本家心意，就恭敬送客。客人返回还没到家，喜庆的鼓乐手、托盘子的、挑担子的、红红绿绿的彩缎、羊、酒早已到他家门口。不一会儿，礼金、糕点、果品都齐备，鼓乐手在前面带路。走了没有半里路，抬花轿的、举花灯的、打着灯笼火把的、算命的、司仪，还有香纸、蜡烛、供果、肉类、美酒这些，都在门前环绕侍候。厨子挑着担子到了，蔬菜、瓜果、菜肴、汤羹、点心、花棚、糖饼、桌围、坐垫、酒壶、酒杯、筷子、喜堂上贴的龙虎对子、撒给新人的钱和干果、新人拜堂牵的红绸、唱小曲的、拉琴的这些，又全部到齐。不等回复，也不等主人命令，抬着花轿和送亲的小轿一起去迎亲，鼓乐声和火光中，新人的轿子和送亲的轿子很快都到了。新人拜堂，送亲的人入席就坐，唱着小曲，演奏音乐，喧嚣热闹。还没到中午，这些人讨了赏钱马上离开，急忙到别的家，再来一遍。

卷六

彭天锡串戏

彭天锡串戏妙天下，然出出皆有传头，未尝一字杜撰。曾以一出戏，延其人至家，费数十金者，家业十万缘手而尽。三春多在西湖，曾五至绍兴，到余家串戏五六十场，而穷其技不尽。天锡多扮丑净，千古之奸雄佞幸，经天锡之心肝而愈狠，借天锡之面目而愈刁，出天锡之口角而愈险。设身处地，恐纣之恶不如是之甚也。皱眉视眼，实实腹中有剑，笑里有刀，鬼气杀机，阴森可畏。盖天锡一肚皮书史，一肚皮山川，一肚皮机械，一肚皮磊砢不平之气，无地发泄，特于是发泄之耳。

余尝见一出好戏，恨不得法锦包裹，传之不朽；尝比之天上一夜好月，与得火候一杯好茶，只可供一刻受用，其实珍惜之不尽也。桓子野见山水佳处，辄呼“奈何！奈何！”真有无可奈何者，口说不出。

[译文]

彭天锡演戏天下一绝，每一出戏都有传承，没有一个字是凭空杜撰的。他曾经因为看中一出戏，把演员请到家里，花费了几十两银子学戏，十万的家业，就这样被他散尽了。他春天常到西湖唱戏，曾经五次到绍兴，到我家唱戏五六十场，然而他的技艺还没能完全施展。天锡常扮演丑角和净角。历史上的奸雄和得势佞臣，经过天锡的用心揣摩显得更狠毒，借天锡的表情显得更刁钻，通过天锡的说唱显得更凶险。设身处地，恐怕商纣王也没有他扮演的角色邪恶。他皱眉头、瞪眼睛，都能让人切实感到口蜜腹剑，笑里藏刀，鬼气森森，暗含杀机，阴森森让人恐惧。大概是天锡有一肚子春秋历史，一肚子天文地理，一肚子机巧伶俐，一肚子对世间的不平之气，没有地方发泄，而只能借演戏来发泄了。

我曾经看过一出好戏，真恨不能用绸子包起来让它流传不朽；我曾经把好戏比作天上一夜好月和恰到火候的一杯好茶，只可以满足一时，真是让人倍加珍惜。桓子野看到好的山川景致，总是大呼“奈何！奈何！”真是有让人无可奈何的事，无以言表。

目莲戏

余蕴叔演武场搭一大台，选徽州旌阳戏子剽轻精悍、能相扑跌打者三四十人，搬演目莲，凡三日三夜。四围女台百什座，戏子献技台上，如度索舞絙、翻桌翻梯、觔斗蜻蜓、蹬坛蹬臼、跳索跳圈，窜火窜剑之类，大非情理。凡天神地祇、牛头马面、鬼母丧门、夜叉罗刹、锯磨鼎镬、刀山寒冰、剑树森罗、铁城血澥，一似吴道子《地狱变相》，为之费纸札者万钱。人心惴惴，灯下面皆鬼色。

戏中套数，如《招五方恶鬼》《刘氏逃棚》等剧，万余人齐声呐喊。熊太守谓是海寇卒至，惊起，差衙官侦问，余叔自往复之，乃安。台成，叔走笔书二对。一曰：“果证幽明，看善善恶恶随形答响，到底来那个能逃；道通昼夜，任生生死死换姓移名，下场去此人还在。”一曰：“装神扮鬼，愚蠢的心下惊慌，怕当真也是如此；成佛作祖，聪明人眼底忽略，临了时还待怎生？”真是以戏说法。

［译文］

我叔叔张烨芳在演武场搭了一个大戏台，请来徽州旌阳的戏班，挑选身体强壮而灵活、能表演相扑摔跤的演员三四十人表演目莲戏，演了三天三夜。戏台四周设有百十座女观众席位，演员在台上表演，像走绳索、舞粗绳、翻桌子、翻梯子、翻筋斗、倒立、蹬坛子、蹬石臼、跳绳、跳圈、钻火圈、钻剑丛这些项目，都让人大开眼界。那些天神地祇、牛头马面、鬼母丧门、夜叉罗刹、锯磨鼎镬、刀山寒冰、剑树森罗、铁城血澥，都像吴道子《地狱变相》里画的一样，为了达到效果花费在纸札上的有万两银子。场景让人看了心里惴惴不安，灯光中脸都显出鬼色。

按戏中惯例演《招五方恶鬼》《刘氏逃棚》等剧时，全场万余人要齐声呐喊。熊太守以为是海盗突然来袭，惊诧不已，派手下来察看询问，我叔叔亲自去回复，才安心。戏台搭好后，我叔叔运笔写了两副对联。一副写到："果证幽明，看善善恶恶随形答响，到底来那个能逃？道通昼夜，任生生死死换姓移名，下场去此人还在。"一副写到："装神扮鬼，愚蠢的心下惊慌，怕当真也是如此。成佛作祖，聪明人眼底忽略，临了时还待怎生？"真的是借戏弘扬因果报应。

甘文台炉

香炉贵适用，尤贵耐火。三代青绿，见火即败坏，哥、汝窑亦如之。便用便火，莫如宣炉。然近日宣铜一炉价百四五十金，焉能办之？北铸如施银匠亦佳，但粗夯可厌。苏州甘回子文台，其拨蜡范沙，深心有法，而烧铜色等、分两，与宣铜款致分毫无二，俱可乱真。然其与人不同者，尤在铜料。甘文台以回回教门不崇佛法，乌斯藏渗金佛，见即锤碎之，不介意，故其铜质不特与宣铜等，而有时实胜之。甘文台自言佛像遭劫已七百尊有奇矣。余曰："使回回国别有地狱，则可。"

［译文］

香炉贵在适用，尤其贵在经得起火烧。夏商周三代的青铜器，火一烧就损坏了，哥窑、汝窑的瓷器也是这样。既好用又不怕火的香炉，比不过宣德炉。可现在宣铜香炉一只就要一百四五十两银子，哪里置办得起？北铸香炉像施银匠做的也很好，但粗笨不讨人喜欢。苏州回民甘文台用拨蜡浇铸法做香炉，非常用心，方法得当。烧出来的铜香炉颜色匀称，和宣铜款香炉相比品质分毫不差，简直可以乱真。他和其他人做铜炉不同处，更是在于铜料。甘文台信回教不敬佛教，西藏的金佛，他得到后就用锤子砸碎，并不在意，所以他的铜炉质地不只和宣铜一样，甚至要更胜一筹。甘文台自己说被他破坏的佛像已经有七百多尊。我说："假如回教另有自己的地狱，你这样做还可以。"

绍兴灯景

绍兴灯景为海内所夸者无他，竹贱、灯贱、烛贱。贱，故家家可为之；贱，故家家以不能灯为耻。故自庄逵以至穷檐曲巷，无不灯、无不棚者。

棚以二竿竹搭过桥，中横一竹，挂雪灯一，灯球六。大街以百计，小巷以十计。从巷口回视巷内，复叠堆垛，鲜妍飘洒，亦足动人。十字街搭木棚，挂大灯一，俗曰“呆灯”，画《四书》《千家诗》故事，或写灯谜，环立猜射之。

庵堂寺观以木架作柱灯及门额，写“庆赏元宵”“与民同乐”等字。佛前红纸、荷花、琉璃百盏，以佛图灯带间之，熊熊煜煜。庙门前高台，鼓吹五夜。

市廛如横街、轩亭、会稽县西桥，闾里相约，故盛其灯，更于其地斗狮子灯，鼓吹弹唱，施放烟火，挤挤杂杂。小街曲巷有空地，则跳大头和尚。锣鼓声错，处处有人团簇看之。城中妇女多相率步行，往闹处看灯；否则，大家小户杂坐门前，吃瓜子、糖豆，看往来士女，午夜方散。乡村夫妇多在白日进城，乔乔画画，东穿西走，曰“钻灯棚”，曰“走灯桥”，天晴无日无之。

万历间，父叔辈于龙山放灯，称盛事，而年来有效之者。次年，朱相国家放灯塔山。再次年，放灯蕺山。蕺山以小户效颦，用竹棚多挂纸魁星灯，有轻薄子作口号嘲之曰：“蕺山灯景实堪夸，葫篆竿头挂夜叉。若问搭彩是何物，手巾脚布神袍纱。”由今思之，亦是不恶。

[译文]

绍兴灯景被海内外夸奖的原因没有别的，就在于制作灯的原材料竹子价格低，花灯价格低，蜡烛价格低。因为价格低，所以家家可以拥有；因为价格低，所以家家以不能张灯结彩为耻。所以从通衢大道到茅屋小巷，没有不点花灯，没有不搭灯棚的。

灯棚用两根竹子搭成过桥，中间再横搭一根竹子，挂上一盏明亮的雪灯和六个灯球。大的街道灯棚数以百计，小巷灯棚数以十计。从巷口回望巷子里，花灯紧挨着，重重叠叠，流光溢彩，也足以让人心动。在十字街口搭木棚，悬挂一盏大灯，俗话叫“呆灯”，灯上画着《四书》《千家诗》故事，或者写着灯谜，人们围成一圈站着猜灯谜。

庵堂寺观，用木架做成灯柱和门额，写着“庆赏元宵”“与民同乐”等字。佛像前摆放红纸做的荷花琉璃灯百盏，用佛图灯带做间隔，灯光明亮辉煌。庙门前的高台上，整夜地锣鼓吹奏。

横街、轩亭、会稽县西桥这些地方的店肆商户、邻里都约好放灯，所以花灯规模盛大，还会在当地耍狮子灯，吹拉弹唱，施放烟火，人头攒动。小街窄巷如果有空地，就跳起大头和尚，锣鼓声混杂，每一处都有人围观。城中的女子大多相约走出家门，去热闹的地方看灯。不去看灯的，无论大家还是小户的女子杂乱坐在门前，吃瓜子、糖豆，看着来来往往的男男女女，到午夜才散去。乡村的夫妻大多在白天就赶到城里，梳洗打扮，穿戴整齐，到处穿来走去，叫作“钻灯棚”或叫“走灯桥”，如果天晴总会这样。

万历年间，我的叔辈在龙山放灯，被传为盛事，后来每年都有仿效的人。第二年，朱相国家在塔山放灯。第三年在蕺山放灯。蕺山有小户东施效颦，搭竹棚，大多数挂的是纸做的魁星灯。有轻薄的人作顺口溜嘲笑他说：“蕺山灯景实堪夸，葫篆竿头挂夜叉。若问搭彩是何物，手巾脚布神袍纱。”现在回想起来，也没那么差。

韵山

大父至老手不释卷，斋头亦喜书画、瓶几布设。不数日，翻阅搜讨，尘堆砚表，卷帙正倒参差。常从尘砚中磨墨一方，头眼入于纸笔，潦草作书生家蝇头细字。日晡向晦，则携卷出帘外，就天光。爇烛，檠高，光不到纸，辄倚几携书就灯，与光俱俯，每至夜分，不以为疲。

常恨《韵府群玉》《五车韵瑞》寒俭可笑，意欲广之。乃博采群书，用淮南“大小山”义，摘其事曰“大山”，摘其语曰“小山”，事语已详本韵而偶寄他韵下曰“他山”，脍炙人口者曰“残山”，总名之曰《韵山》。小字襞积，烟煤残楮，厚如砖块者三百余本。一韵积至十余本，《韵府》《五车》不啻千倍之矣。

正欲成帙，胡仪部青莲携其尊人所出中秘书，名《永乐大典》者，与《韵山》正相类，大帙三十余本，一韵中之一字犹不尽焉。大父见而太息曰：“书囊无尽，精卫衔石填海，所得几何！”遂辍笔而止。以三十年之精神，使为别书，其博洽应不在王弇州、杨升庵下。今此书再加三十年，亦不能成，纵成亦力不能刻。笔冢如山，只堪覆瓿，余深惜之。丙戌兵乱，余载往九里山，藏之藏经阁，以待后人。

[译文]

我祖父晚年时，手不释卷，喜欢在书房、案头摆设书画、瓷瓶、几案。没几天，翻阅查找书籍，灰尘就掉到砚台上，书籍颠倒凌乱。他常在落满灰尘的砚台里磨墨汁，脑袋和眼睛紧贴着纸笔，潦草地写读书人的蝇头小字。天色晚了光线变暗，他就拿着书到帘外，借助天光点上蜡烛，因为烛台高光亮照不到纸上，他就靠着案子举着书贴近光亮，随着烛光俯下身子看书，常常看到很晚，不知疲倦。

他常常遗憾《韵府群玉》《五车韵瑞》之类的韵书简陋单薄，想把韵书的内容充实起来。于是博采群书，采纳淮南王用“大小山”对文章分类的方法，把摘录事情的归为《大山》，摘录言论的归为《小山》，事情和言论已经在本韵中详细收录但又偶尔在其他韵中出现的归入《他山》，脍炙人口的归入《残山》，总的名称是《韵山》。纸上小字密密麻麻，墨迹残纸，像砖块一样厚的书写了三百多本。一个声韵就收集了十余本，比《韵府》《五车》丰富不止千倍。

他正要装订成册，胡青莲拿着他父亲从中秘书得到的《永乐大典》给我祖父看，此书和《韵山》同属一类，一个声韵中的一个字用装订好的三十多本书都没讲完。我祖父看后叹息说：“书囊没法估算有多大，我做的事像精卫衔石填海，能收获多少呢？”于是停笔而止。我祖父用三十年的心血，假使编写其他的书，广博深厚应该不在王弇州、杨升庵之下。现在这部书再用三十年也不能完成，即使编写完成也无力刻印出版。我祖父用过的笔堆积如山，写的书毫无价值，我深深惋惜。丙戌年战乱，我把书带到九里山，藏在藏经阁，等待后来人发现并完成吧。

天童寺僧

戊寅，同秦一生诣天童访金粟和尚。到山门，见万工池绿净，可鉴须眉，旁有大锅覆地。问僧，僧曰：“天童山有龙藏，龙常下饮池水，故此水刍秽不入。正德间，二龙斗，寺僧五六百人撞钟鼓撼之，龙怒，扫寺成白地，锅其遗也。”

入大殿，宏丽庄严。折入方丈，通名刺。老和尚见人便打，曰“棒喝”。余坐方丈，老和尚迟迟出，二侍者执杖、执如意先导之，南向立，曰:“老和尚出。”又曰:“怎么行礼？”盖官长见者皆下拜，无抗礼。余屹立不动，老和尚下，行宾主礼。侍者又曰:“老和尚怎么坐？”余又屹立不动，老和尚肃余坐。坐定，余曰:“二生门外汉，不知佛理，亦不知佛法，望老和尚慈悲，明白开示。勿劳棒喝，勿落机锋，只求如家常白话，老实商量，求个下落。”老和尚首肯余言，导余随喜。早晚斋方丈，敬礼特甚。

余遍观寺中僧匠千五百人，具舂者、碓者、磨者、甑者、汲者、爨者、锯者、劈者、菜者、饭者，狰狞急遽，大似吴道子一幅《地狱变相》。老和尚规矩严肃，常自起撞人，不止“棒喝”。

[译文]

戊寅年，我和秦一声到天童山拜访金粟和尚。到了天门，看到万工池水碧绿洁净，可以照见胡须和眉毛，池边有口大锅扣在地上，就问僧人缘故。僧人说:“天童山上有龙穴，龙经常下来喝池子里的水，所以这池水没有不洁的东西。正德年间，两条龙互相争斗，寺僧五六百人撞钟击鼓吓唬它们，龙发怒了，把寺院横扫一空，夷为平地，这口锅是遗留的物件。”

进入大殿，宏伟壮丽，气势庄严。走到寺院长老的住处，通报姓名递上名片。老和尚的习惯是见人就打，称为“棒喝”。我们坐在屋里，老和尚过了很久才出来，两个侍者拿着仪仗和如意在前面引路，向南站立。侍者说:“老和尚出来了。”又说:“怎么行礼？”大概当官的来见老和尚都要下拜，我屹立不动，老和尚低头行了宾主礼。侍者又说："老和尚怎么坐？"我还是屹立不动，老和尚躬身作揖请我入座。坐稳后，我说："我们两个是门外汉，不知道佛家的道理，也不懂佛法，希望老和尚慈悲为怀，明明白白说法。不必劳驾当头棒喝，不必劳驾话带机锋，只求像家常聊天，实实在在探讨，求一个答案。"老和尚同意我说的话，带着我游览寺院。我们早晚在老和尚住处用斋饭，老和尚对我们礼遇有加。

我全面观察发现寺中僧人、匠人有一千五百人，都是些舂米的、捣米的、推磨的、蒸饭的、打水的、烧火做饭的、锯木头的、劈柴的、种菜的、煮饭的，个个面目狰狞、行动匆忙，真的像极了吴道子的一幅画叫《地狱变相》。老和尚制度严明，管理严格，常常亲自起身去撞违反规矩的僧人、匠人，不只是"棒喝"。

水浒牌

古貌古服，古兜鍪，古铠胄，古器械，章侯自写其所学所问已耳。而辄呼之曰"宋江"，曰"吴用"，而"宋江""吴用"亦无不应者，以英雄忠义之气郁郁芊芊，积于笔墨间也。周孔嘉丐余促章侯，孔嘉丐之，余促之，凡四阅月而成。余为作《缘起》曰：

余友章侯，才足掞天，笔能泣鬼。昌谷道上，婢囊呕血之诗；兰清寺中，僧秘开花之字。兼之力开画苑，遂能目无古人。有索必酬，无求不与。既蠲郭恕先之癖，喜周贾耘老之贫。画《水浒》四十人，为孔嘉八口计。遂使宋江兄弟，复睹汉官威仪。

伯益考著《山海》遗经，兽毨鸟氄，皆拾为千古奇文；吴道子画《地狱变相》，青面獠牙，尽化作一团清气。收掌付双荷叶，能月继三石米，致二斗酒，不妨持赠；珍重如柳河东，必日灌蔷薇露，薰玉蕤香，方许解观。非敢阿私，愿公同好。

[译文]

能够描绘古代人的相貌、服装、头盔、铠甲、兵器，章侯自己说他的学问就这些罢了。可是他叫“宋江”“吴用”，他画的“宋江”“吴用”就会呼之欲出，英雄忠义之气浩浩荡荡，都在笔墨间表现出来。周孔嘉请求我敦促章侯作画，孔嘉请求我，我督促章侯，他一共用了四个月完成。我写文记录下事情的来龙去脉，内容如下：

我的朋友章侯，才气光照九天，下笔能泣鬼神。他的才华堪比昌谷道上李贺囊中呕心沥血的诗作，兰渚寺中僧人秘藏的可以落地开花的《兰亭序》书法。加之他力开画苑，于是可以超越古人，有人索要画作一定满足，没人来求也不会随便给人。这样做既彰显了他像郭恕先那样的画癖，也满足了他像苏东坡喜欢周济贾耘老这样的穷人的善意。他画了四十个《水浒》人物，为孔嘉八口谋了生计，也使我们再次目睹了宋江兄弟的威仪。伯益撰写《山海经》，鸟兽皮毛般细小的故事都收录进去成为千古奇文；吴道子画《地狱变相》，青面獠牙的鬼怪在画里都变成一团清气。收藏章侯的画作，有人能每个月出三石米、二斗酒，就可以把画送给人家；如果像柳宗元那样珍惜，一定会每天用蔷薇露洗手，点燃玉蕤香，才可以开卷品玩。不敢据为己有，希望大家共同欣赏。

烟雨楼

嘉兴人开口烟雨楼，天下笑之。然烟雨楼故自佳。楼襟对莺泽湖，涳涳濛濛，时带雨意，长芦高柳，能与湖为浅深。

湖多精舫，美人航之，载书画茶酒，与客期于烟雨楼。客至，则载之去，舣舟于烟波缥缈。态度幽闲，茗炉相对，意之所安，经旬不返。舟中有所需，则逸出宣公桥、角里街，果蓏蔬鲜，法膳琼苏，咄嗟立办，旋即归航柳湾桃坞。痴迷伫想，若遇仙缘，洒然言别，不落姓氏。间有倩女离魂，文君新寡，亦效颦为之。淫靡之事，出以风韵，习俗之恶，愈出愈奇。

［译文］

嘉兴人一开口就要说烟雨楼，让天下人笑话。可是烟雨楼风景还是很美的。楼的正面与莺泽湖相对，水雾迷蒙，湿润得好像在下雨，修长的芦苇，高大的柳树，都和湖水深浅呼应。

湖中有很多装饰精美的画舫，画舫中载有美人。船上还载着书画茶酒，美人和客人相约在烟雨楼。客人到后，就船载而去，把船停靠在烟波浩渺的岸边。两人从容悠闲，隔着茶炉品茗，客人神闲气定，过了十天还乐不思返。船上有什么需求，就划船出宣公桥、角里街，瓜果蔬菜、时鲜、佳肴美酒，立刻采买齐全，马上返回。杨柳依依的河湾，桃花盛开的船坞，让人心驰神往、伫立畅想。如果遇到有缘人，相会后潇洒告别，不留名姓。时而会有怀春少女、新寡少妇，也东施效颦。淫靡的事本来带有风韵的味道，不好的习俗，越来越出奇。

朱氏收藏

朱氏家藏，如“龙尾觥”“合卺杯”，雕镂锲刻，真属鬼工，世不再见。余如秦铜汉玉、周鼎商彝、哥窑倭漆、厂盒宣炉、法书名画、晋帖唐琴，所畜之多，与分宜埒富，时人讥之。

余谓博洽好古，犹是文人韵事，风雅之列，不黜曹瞒，鉴赏之家，尚存秋壑。诗文书画未尝不抬举古人，恒恐子孙效尤，以袖攫石、攫金银以赚田宅，豪夺巧取，未免有累盛德。闻昔年朱氏子孙，有欲卖尽“坐朝问道”四号田者，余外祖兰风先生谑之曰：“你只管坐朝问道，怎不管垂拱平章？”一时传为佳话。

［译文］

朱氏家族的收藏品，像“龙尾觥”“合卺杯”这些宝物，雕镂锲刻的工艺，真是鬼斧神工，世上罕见。其他的像秦代的青铜器、汉代的玉器、商周的青铜礼器、哥窑瓷器、日本漆器、朱红色的漆盒、宣德铜炉、书法、名画、晋代书帖、唐代古琴，收藏数量之多和严嵩旗鼓相当，当时受到人们讥讽。

我认为学识渊博爱好古玩，正是文人风雅之事。风雅的人物中，不排除曹操这样的奸雄。鉴赏家中还有贾似道这样的奸臣。收藏诗文书画是因为仰慕古人，怕的是后人不学好，盗卖古玩换取田宅，巧取豪夺，未免败坏了祖先的名声。听说从前朱家子孙有人想把“坐朝问道”四号田都卖掉，我外祖父兰风先生调侃说：“你只管坐朝问道，怎不管垂拱平章？”一时间传为佳话。

仲叔古董

葆生叔少从渭阳游，遂精赏鉴。得白定炉、哥窑瓶、官窑酒匜，项墨林以五百金售之，辞曰："留以殉葬。"癸卯，道淮上，有铁梨木天然几，长丈六，阔三尺，滑泽坚润非常理。淮抚李三才百五十金不能得，仲叔以二百金得之，解维遽去。淮抚大恚怒，差兵蹑之，不及而返。

庚戌，得石璞三十斤，取日下水涤之，石罅中光射如鹦哥、祖母，知是水碧，仲叔大喜。募玉工仿朱氏"龙尾觥"一，"合卺杯"一，享价三千，其余片屑寸皮，皆成异宝。仲叔赢资巨万，收藏日富。

戊辰后，倅姑熟，倅姑苏，寻令盟津。河南为铜薮，所得铜器盈数车，"美人觚"一种，大小十五六枚，青绿彻骨，如翡翠，如鬼眼青，有不可正视之者。归之燕客，一日失之。或是龙藏收去。

［译文］

我二叔葆生年轻时和他的舅舅一起游历，于是对鉴赏很精通。收藏的宝物有白定香炉、哥窑瓷瓶、官窑酒器，项墨林出五百两想买下，二叔拒绝，说："我要留着陪葬。"癸卯年，二叔路过淮上，见到一个天然形成的铁梨木几案，长一丈六、宽三尺，顺滑有光泽，质地坚硬清润，纹理非同寻常。凤阳诸府巡抚李三才出一百五十两银子没有买到，二叔花了二百两得到了，拉到船上马上离开。李三才暴跳如雷，命令兵士跟踪追回，无功而返。

庚戌年，他得到一块三十斤的原石，选好日子放到水里清洗，石缝中透出的光像祖母绿，知道里面一定是珍贵的碧玉，二叔大喜。招募玉石工匠仿照朱氏家族收藏制作了一只“龙尾觥”，一个“合卺杯”，价格高达三千。其余边角碎料，也都做成难得的宝物。二叔因此大赚一笔，收藏越来越丰富。

戊辰年，到姑熟、姑苏任副职，不久又任盟津县令。河南青铜器数量多，他收集的青铜器装满几辆车。单单是美人觚这一种，大大小小就收了十五六只，它们通体青绿，像翡翠，像鬼眼青，有的绿得摄人心魄，让人不敢正视。后来给了他儿子燕客，一天时间就丢了。或许是被龙宫收走了。

噱社

仲叔善诙谐，在京师与漏仲容、沈虎臣、韩求仲辈结“噱社”，唼喋数言，必绝缨喷饭。漏仲容为帖括名士，常曰：“吾辈老年读书做文字，与少年不同。少年读书，如快刀切物，眼光逼注，皆在行墨空处，一过辄了。老年如以指头掐字，掐得一个，只是一个，掐得不着时，只是白地。少年做文字，白眼看天，一篇现成文字挂在天上，顷刻下来，刷入纸上，一刷便完。老年如恶心呕吐，以手扼入齿哕出之，出亦无多，总是渣秽。”此是格言，非止谐语。

一日，韩求仲与仲叔同宴一客，欲连名速之，仲叔曰：“我长求仲，则我名应在求仲前，但缀绳头于如拳之上，则是细注在前，白文在后，那有此理！”人皆失笑。

沈虎臣出语尤尖巧。仲叔候座师收一帽套，此日严寒，沈虎臣嘲之曰：“座主已收帽套去，此地空余帽套头。帽套一去不复返，此头千载冷悠悠。”其滑稽多类此。

[译文]

二叔喜欢开玩笑，在京城时和漏仲容、沈虎臣、韩求仲这些人组成“噱社”，轻言慢语间，就能让人扯断帽带，笑得喷饭。漏仲容是明经填帖的高手，他常说：“我们这些老年人读书做文章，和年轻人不同。年轻人读书，就像用快刀切东西，眼光盯在字里行间空白处，一眼就扫过。老年人读书像用手指掐字，掐到一个，就算一个，掐不到时，就是空白。年轻人写文章，翻着白眼望着天，就有一篇现成的文章挂在天上，马上降下，刷在纸上，一刷就完成了。老年人做文章像是要恶心呕吐，用手伸到嘴里催吐，吐出的东西也不多，都是渣滓、污秽。”这是格言警句，不只是笑谈。

一天，韩求仲和我二叔要一同宴请一个客人，想要联名邀请，二叔说：“我比求仲年长，我的名字应该写在求仲的前面，但是像把绳头连在拳头的上面，把细小注释写在前面，正文在后面，哪有这样道理！”人们都哑然失笑。

沈虎臣说出的话最尖刻奇巧。二叔伺候主考官收起帽子，那天很冷，沈虎臣嘲讽说：“座主已收帽套去，此地空余帽套头。帽套一去不复返，此头千载冷悠悠。”他说的滑稽话都是这样的。

鲁府松棚

报国寺松，蔓引弹委，已入藤理。入其下者，蹒跚跼蹐，气不得舒。

鲁府旧邸二松，高丈五，上及檐甃，劲竿如蛇脊，屈曲撑距，意色酣怒，鳞爪拿攫，义不受制，鬣起针针，怒张如戟。旧府呼“松棚”，故松之意态情理无不棚之。便殿三楹盘郁殆遍，暗不通天，密不通雨。鲁宪王晚年好道，尝取松肘一节，抱与同卧，久则滑泽酣酡，似有血气。

［译文］

报国寺的松树，枝干像藤蔓伸展，盘曲下垂，好像具备了藤蔓植物的形态了。人走在树下面，只能缩着身子缓慢前行，气都喘不匀。

鲁府旧宅有两棵松树，高一丈五，树梢伸长到了房檐，遒劲的枝干像蛇脊，盘旋弯曲支撑在那里，好像在发怒，长满鳞片的龙爪张开想要抓住猎物。它绝不能忍受压制，松针一根根竖起，拼命张开像一柄长戟。旧宅的人都称它“松棚”，它的形态和给人的感觉都用“棚”概括了。便殿三楹宽，全部被松树浓密盘绕，暗得看不到天，密实得透不过雨。鲁献王晚年时信奉道教，曾经锯下一截弯曲的枝干，抱着睡觉，时间久了松木光滑润泽，泛出微红色，好像有了血气。

一尺雪

“一尺雪”为芍药异种，余于兖州见之。花瓣纯白，无须萼，无檀心，无星星红紫，洁如羊脂，细如鹤翮，结楼吐舌，粉艳雪腴。上下四旁方三尺，干小而弱，力不能支，蕊大如芙蓉，辄缚一小架扶之。大江以南，有其名无其种，有其种无其土，盖非兖勿易见之也。

兖州种芍药者如种麦，以邻以亩。花时宴客，棚于路，彩于门，衣于壁，障于屏，缀于帘，簪于席，茵于阶者，毕用之，日费数千勿惜。余昔在兖，友人日剪数百朵送寓所，堆垛狼藉，真无法处之。

［译文］

"一尺雪"是芍药的变种，我在兖州见到过，它的花瓣纯白色，没有花须和花萼，没有花蕊，没有星星点点的红紫，洁白得像羊脂，花丝纤细得像是鹤翎的茎管，层层叠叠堆积如楼，吐出花舌，粉嫩香艳，丰腴如雪。植株才三尺见方，枝干细小纤弱，无力支撑，花朵大得像荷花，要绑一个小架子支撑它。长江以南，有人知道它的名字可是没有种子，有它的种子可是没有适合的土壤，于是不是在兖州不易见到。

兖州人种芍药像种麦子，芍药田连成片。花开时节宴请客人，路上搭棚子、装饰大门、挂在墙上、遮挡屏风、点缀帘子、插在席子上、铺在台阶上，都用到芍药花，每天消耗几千朵也不痛惜。我以前在兖州时，朋友每天剪下几百朵送到我住的地方，堆得到处都是，杂乱不堪，真的不知道怎么办才好。

菊海

兖州张氏期余看菊，去城五里。余至其园，尽其所为园者而折旋之，又尽其所不尽为园者而周旋之，绝不见一菊，异之。移时，主人导至一苍莽空地，有苇厂三间，肃余入，遍观之，不敢以菊言，真菊海也。厂三面，砌坛三层，以菊之高下高下之。花大如瓷瓯，无不球，无不甲，无不金银荷花瓣，色鲜艳异凡本，而翠叶层层，无一早脱者。此是天道，是土力，是人工，缺一不可焉。

兖州缙绅家风气袭王府，赏菊之日，其桌，其机、其灯、其炉、其盘、其盒、其盆盎、其肴器、其杯盘大觥、其壶、其帏、其褥、其酒、其面食、其衣服花样，无不菊者。夜烧烛照之，蒸蒸烘染，较日色更浮出数层。席散，撤苇帘以受繁露。

［译文］

兖州张氏约我去看菊花，那里离城五里。我到了他的花园，在他的园子里到处转了一圈，又到园子外四处观看，根本没有见到一朵菊花，非常诧异。过一会儿，主人带着我到一块空旷的地方，有三间芦苇搭的棚子，恭敬地请我进去，一眼望去不敢称为菊花，简直是菊海。棚子的三面，砌了三层花坛，依据菊花高矮决定它们上下位置。菊花大得像小盆，各个浑圆，各个像披了金甲，各个都像金色、银色的荷花瓣，颜色鲜艳，和寻常品种的菊花相差很大。菊花的绿叶层层叠叠，没有一片脱落。这是气候、土壤、人工的结晶，缺一个因素也达不到。

兖州的缙绅之家风气因袭王府惯例，赏菊的日子，桌子、炕头、灯盏、炉子、盘子、盒子、盆盎、食器、杯盘、大酒杯、酒壶、帷幔、褥垫、美酒、面食、衣服图案，都是菊花样式。夜晚烛光照耀菊花，光焰热烈地烘托渲染，菊花比白天的姿色更多了几分韵味。席散了，就撤掉苇帘让菊花接受露水的滋润。

曹山

万历甲辰，大父游曹山，大张乐于狮子岩下。石梁先生戏作《山君檄》讨大父，祖昭明太子语，谓“若以管弦，污我岩壑”。大父作檄骂之，有曰：“谁云鬼刻神镂，竟是残山剩水！”石篑先生嗤石梁曰：“文人也，那得犯其锋！不若自认，以‘残山剩水’四字摩崖勒之。”先辈之引重如此。

曹石宕为外祖放生池，积三十余年，放生几百千万。有见池中放光如万炬烛天，鱼虾荇藻附之而起直达天河者。余少时从先宜人至曹山庵作佛事，以大竹篰贮西瓜四，浸宕内。须臾，大声起岩下，水喷起十余丈，三小舟缆断，颠翻波中，冲击几碎。舟人急起视，见大鱼如舟，口欹四瓜，掉尾而下。

［译文］

万历甲辰年，我祖父游历曹山，在狮子岩下大张旗鼓请乐师演奏，非常喧嚣。石梁先生开玩笑以山神的角色作檄文讨伐我祖父，仿效昭明太子的语句，说：“你们这些人用音乐污染了我的山川。”我祖父作檄文回击，有一句说：“谁云鬼刻神镂，竟是残山剩水！”石篑先生嗤笑石梁说：“对于文人，怎么可以冒犯他！不如接受下来，用‘残山剩水’四个字刻在石崖上。”先辈们就是这样互相推重的。

曹山的石宕是我外祖父放生的池子，积累了三十余年，放生的动物成千上万，有人见到池子中放射出的光芒像万把火炬照亮天空，池中鱼虾植物也随着光芒升起，直达银河。我年少时和母亲到曹山的庵中做佛事，用大竹篓装了四个西瓜，浸泡到石宕里。过一会儿，岩下发出很大声音，水柱喷起十余丈高，三只小舟缆绳断裂，在水波中翻了船，被波浪冲击得几乎碎掉。划船人急忙查看，见一条大鱼像船一样大，嘴里吸着四个西瓜，摆动尾巴没入水里。

齐景公墓花樽

霞头沈佥事宦游时，有发掘齐景公墓者，迹之，得铜豆三，大花樽二。豆朴素无奇。花樽高三尺，束腰拱起，口方而敞，四面戟楞，花纹兽面，粗细得款，自是三代法物。归乾刘阳太公，余见赏识之，太公取与严，一介不敢请。及宦粤西，外母归余斋头，余拂拭之，为发异光。取浸梅花，贮水，汗下如雨，逾刻始收，花谢结子，大如雀卵。余藏之两年，太公归自粤西，稽覆之，余恐伤外母意，亟归之。后为驵侩所啖，竟以百金售去，可惜！今闻在歙县某氏家庙。

［译文］

霞头的沈佥事在外做官时，有人盗掘了齐景公的墓穴。沈佥事跟踪它，得到了三尊青铜豆，两只青铜大花樽。青铜豆朴素无奇。花樽高三尺，中间窄细两端粗大，口部方形而且开口大，四面棱角尖利分明，樽上装饰花纹和兽面，纹路粗细相宜，一定是夏商周的古董。这两只花樽归我妻子祖父乾阳刘太公所有，我见了很欣赏，太公不慷慨，我不敢请求。等到他去广西当官，我岳母把花樽拿到我的书房，我拂拭花樽，它们发出奇异的光芒。我拿来浸泡梅花，装满水，花樽汗如雨下，过一会儿才停下来。梅花凋谢后结了果，大得像雀卵。我收藏花樽两年，太公从广西回来，要找他的花樽，我怕岳母为难，立刻归还太公。太公后人被小人引诱，竟然只卖了一百两银子，太可惜了！现在听说这两只花樽被放在歙县某氏的家庙里。

卷七

西湖香市

西湖香市，起于花朝，尽于端午。山东进香普陀者日至，嘉、湖进香天竺者日至，至则与湖之人市焉，故曰香市。

然进香之人市于三天竺，市于岳王坟，市于湖心亭，市于陆宣公祠，无不市，而独凑集于昭庆寺。昭庆寺两廊故无日不市者，三代八朝之骨董，蛮夷闽貊之珍异，皆集焉。至香市，则殿中边甬道上下、池左右、山门内外，有屋则摊，无屋则厂，厂外又棚，棚外又摊，节节寸寸，凡胭脂簪珥、牙尺剪刀，以至经典木鱼、伢儿嬉具之类，无不集。

此时春暖，桃柳明媚，鼓吹清和，岸无留船，寓无留客，肆无留酿。袁石公所谓“山色如娥，花光如颊，波纹如绫，温风如酒”，已画出西湖三月。而此以香客杂来，光景又别。士女闲都，不胜其村妆野妇之乔画；芳兰芗泽，不胜其合香芫荽之薰蒸；丝竹管弦，不胜其摇鼓欱笙之聒帐；鼎彝光怪，不胜其泥人竹马之行情；宋元名画，不胜其湖景佛图之纸贵。如逃如逐，如奔如追，撩扑不开，牵挽不住。数百十万男男女女、老老少少，日簇拥于寺之前后左右者，凡四阅月方罢。恐大江以东，断无此二地矣。

崇祯庚辰三月，昭庆寺火。是岁及辛巳、壬午洊饥，民强半饿死。壬午虏鲠山东，香客断绝，无有至者，市遂废。辛巳夏，余在西湖，但见城中饿殍舁出，扛挽相属。时杭州刘太守梦谦，汴梁人，乡里抽丰者多寓西湖，日以民词馈送。有轻薄子改古诗诮之曰：“山不青山楼不楼，西湖歌舞一时休。暖风吹得死人臭，还把杭州送汴州。”可作西湖实录。

[译文]

西湖的香市，从二月十五花朝节开始，到端午节结束。从山东到普陀山进香的游客每天到来，从嘉兴、湖州到天竺寺进香的游客每天到来，他们一来就和西湖当地人做生意，所以称为香市。

进香的人在三天竺、岳王坟、湖心亭、陆宣公祠进行买卖，到处都可以进行交易，偏偏在昭庆寺最集中。昭庆寺的两侧长廊每天都有集市，各个朝代的古董、少数民族的奇珍异宝，都汇集在这里。到了香市，只见大殿当中、甬道上下、水池左右、山门内外，在屋子里的就摆摊，在屋外就搭棚屋，棚屋外又搭棚，棚子外又设摊位，密密麻麻。胭脂、发簪、耳饰、牙尺、剪刀，甚至经典书籍、木鱼、儿童玩具之类，应有尽有。

这个时节春风送暖，桃树、柳树明媚可爱，乐声清新柔和。岸上没有停泊的船，旅舍里没有不外出的客人，酒馆没有未售出的酒。袁石公赞美的“山色如娥，花光如颜，波纹如绫，温风如酒”，很好地勾画出了西湖三月的景致。这时节香客从四面八方而来，又增添别样风景。在都市生活的悠闲的士人美女，比不过乡野村妇的浓妆艳抹；优雅的香味，比不过自然树木、植物香气的熏蒸；丝竹管弦的乐曲，比不过敲鼓、吹笙的聒噪喧嚣；光怪陆离的古董，没有泥人竹马畅销；宋元名画，没有西湖景色、佛寺、佛塔的画像受欢迎。人们像是逃着、赶着、跑着、追着奔向集市，挡不住，拽不动。数百十万男男女女、老老少少，每天簇拥在昭庆寺周围，一直要持续四个月才罢休。恐怕大江以东，绝没有第二个这样的地方。

崇祯庚辰年三月，昭庆寺失火。从这一年到辛巳、壬午年连年饥荒，百姓大多数饥饿而死。壬午年清兵阻断交通，山东进香游客来路阻断，没有人来，集市就不存在了。辛巳年夏天，我在西湖，看见城中饿死的人被抬出，接连不断。时任杭州太守是刘梦谦，汴梁人。当时乡下专门敲诈钱财的人借住在西湖，每天把百姓诉讼抽头进献给他。有好开玩笑的人修改古诗讥讽他说："山不青山楼不楼，西湖歌舞一时休。暖风吹得死人臭，还把杭州送汴州。"此诗可以当作对当时西湖的真实写照。

鹿苑寺方柿

萧山方柿，皮绿者不佳，皮红而肉糜烂者不佳，必树头红而坚脆如藕者，方称绝品。然间遇之，不多得。余向言西瓜生于六月，享尽天福；秋白梨生于秋，方柿、绿柿生于冬，未免失候。丙戌，余避兵西白山，鹿苑寺前后有夏方柿十数株。六月歊暑，柿大如瓜，生脆如咀冰嚼雪，目为之明，但无法制之，则涩勒不可入口。土人以桑叶煎汤，候冷，加盐少许，入瓮内，浸柿没其颈，隔二宿取食，鲜磊异常。余食萧山柿多涩，请赠以此法。

［译文］

萧山方柿，皮是绿色的不好，皮是红色果肉稀烂的不好，一定是在树上就红透了而且结实清脆像莲藕一样的，才称得上绝品。可是方柿只是偶尔能够遇到，不可多得。我以前说过西瓜成熟在六月，享尽了上天的恩赐；秋白梨成熟在秋天，方柿、绿柿成熟在冬天，未免错过了好节令。丙戌年，我到西白山躲避战乱，鹿苑寺前后有夏方柿十几株。六月炎热的夏季，柿子大得像瓜，吃起来清脆得像咀嚼冰雪，让人眼睛都明亮起来。但加工不得法，就会涩得无法下咽。当地人用桑叶煮水，等冷却后，加少许盐，放入瓮中，完全浸没柿子，隔两个晚上把柿子拿出来吃，格外鲜美有味道。我吃萧山柿子大多苦涩，把这个方法送给大家。

西湖七月半

西湖七月半，一无可看，止可看看七月半之人。

看七月半之人，以五类看之。其一，楼船箫鼓，峨冠盛筵，灯火优傒，声光相乱，名为看月而实不见月者，看之。其一，亦船亦楼，名娃闺秀，携及童娈，笑啼杂之，环坐露台，左右盼望，身在月下而实不看月者，看之。其一，亦船亦声歌，名妓闲僧，浅斟低唱，弱管轻丝，竹肉相发，亦在月下，亦看月，而欲人看其看月者，看之。其一，不舟不车，不衫不帻，酒醉饭饱，呼群三五，跻入人丛，昭庆、断桥，嗃呼嘈杂，装假醉，唱无腔曲，月亦看，看月者亦看，不看月者亦看，而实无一看者，看之。其一，小船轻幌，净几暖炉，茶铛旋煮，素瓷静递，好友佳人，邀月同坐，或匿影树下，或逃嚣里湖，看月而人不见其看月之态，亦不作意看月者，看之。杭人游湖，巳出酉归，避月如仇，是夕好名，逐队争出，多犒门军酒钱，轿夫擎燎列俟岸上。一入舟，速舟子急放断桥，赶入胜会。以故二鼓以前，人声鼓吹，如沸如撼，如魇如呓，如聋如哑，大船小船一齐凑岸，一无所见，止见篙击篙、舟触舟、肩摩肩、面看面而已。

少刻兴尽，官府席散，皂隶喝道去，轿夫叫船上人，怖以关门，灯笼火把如列星，一一簇拥而去。岸上人亦逐队赶门，渐稀渐薄，顷刻散尽矣。吾辈始舣舟近岸，断桥石磴始凉，席其上，呼客纵饮。此时月如镜新磨，山复整妆，湖复颒面。向之浅斟低唱者出，匿影树下者亦出，吾辈往通声气，拉与同坐。韵友来，名妓至，杯箸安，竹肉发。

月色苍凉，东方将白，客方散去。吾辈纵舟，酣睡于十里荷花之中，香气拍人，清梦甚惬。

［译文］

西湖七月十五，没有可看的事情，只有那天的游人可看。

看七月半的人，分五类。有一种人，他们坐着大船，奏着乐，衣冠楚楚，大摆筵席，灯火辉煌，有歌妓和仆人伺候，周围声音和光线交杂。他们名义上是赏月其实并没有看月亮，这类人可以看。有一种人，他们也是坐着大船，大家闺秀带着容貌俊美的童子少年，笑声啼声混杂，环坐在露台上，左右顾盼，他们身虽在月下而实际并没有看月，这一类人可以看。有一种人，他们也坐在船上也有笙歌相伴，大都是名妓和闲散的僧人。他们浅斟低唱，乐声轻幽，丝竹声和歌声一同响起。他们也在月下，也看月，想让别人看到他们在赏月，这一类人可以看。有一种人，他们不坐船不坐车，穿着随意，酒醉饭饱，召集三五个人，挤到人群里，在昭庆寺、断桥一带乱喊乱叫制造混乱，装出醉态，胡乱哼唱。他们既看月亮，也看赏月和不赏月的人，这一类人可以看。有一种人，他们乘着轻纱幔帐的小船，带着洁净的几案和暖炉，茶铛里有刚刚煮好的茶，用白净的瓷碗盛满茶水安静地递过去。好友佳人，在月下同坐，或是藏在树下，或是逃进里湖。他们赏月可是人们见不到他们看月亮的样子，也不装作赏月，这一类人可以看。

杭州人游西湖，上午九点多出发，下午五点多返回，躲月亮像躲避仇人。只有这天晚上要以喜欢月亮出名，人们排着队争相出行，会多多犒劳守门军士酒钱，轿夫举着火把，排开了等在岸上。一上船，人们马上命令船夫划到断桥，加入盛会。所以二鼓以前，人声和音乐声，像开水，像炸雷，像梦魇，像呓语，听不清说不出。大船小船都往岸上挤，什么也看不到，只看见船篙互相击打，小船互相碰撞，肩膀擦着肩膀，脸对着脸罢了。

过一段时间兴致没了，官府的宴席也散了，衙役们高喊着开道而去。轿夫催促船上人上轿，吓唬说要关城门了，灯笼火把像排列的行星，人们紧紧簇拥着离开。岸上的人也排着队抓紧回城，人越来越少，很快散尽了。我们这些人开始划船靠岸，断桥的石头台阶开始有凉意，坐在上面，招呼客人开怀畅饮。这时，月亮像刚刚磨制好的镜子，山峦像重整妆容，湖面恢复平静。原来浅斟低唱的人露面了，藏在树下的人也露面了，我们上前通报姓名，请过来一起坐。诗友来了，名妓到了，杯筷备好，歌声乐声响起。

当月色苍凉，东方快要发白时，客人才散去。我们这些人划着船，酣睡在十里荷花中，荷花香气袭人，正好做一场惬意的清梦。

及时雨

壬申七月，村村祷雨，日日扮潮神海鬼，争唾之。余里中扮

《水浒》，且曰：画《水浒》者，龙眠、松雪、近章侯，总不如施耐庵，但如其面勿黛，如其髭勿鬣，如其兜鍪勿纸，如其刀杖勿树，如其传勿杜撰，勿弋阳腔，则十得八九矣。于是分头四出，寻黑矮汉，寻梢长大汉，寻头陀，寻胖大和尚，寻茁壮妇人，寻姣长妇人，寻青面，寻歪头，寻赤须，寻美髯，寻黑大汉，寻赤脸长须。大索城中，无则之郭、之村、之山僻、之邻府州县，用重价聘之，得三十六人。梁山泊好汉，个个呵活，臻臻至至，人马称娖而行，观者兜截遮拦，直欲看杀卫玠。

五雪叔归自广陵，多购法锦宫缎，从以台阁者八：雷部六，大士一，龙宫一，华重美都，见者目夺气亦夺。盖自有台阁，有其华无其重，有其美无其都，有其华重美都无其思致，无其文理。轻薄子有言："不替他谦了也，事事精办！"

季祖南华老人喃喃怪问余曰："《水浒》与祷雨有何义味？近余山盗起，迎盗何为耶？"余俯首思之，果诞而无谓，徐应之曰："有之。天罡尽，以宿太尉殿焉。用大牌六，书'奉旨招安'者二，书'风调雨顺'者一，'盗息民安'者一，更大书'及时雨'者二，前导之。"观者欢喜赞叹，老人亦匿笑而去。

［译文］

壬申年七月，每个村都会祈求下雨，每天有人扮成潮神海鬼，大家争相向他们吐唾沫。我们家乡的人扮《水浒》祈雨，还说：画《水浒》人物，李公麟、赵孟頫水平接近陈章侯，可是都不如施耐庵自己来画最传神。如果扮演水浒的人脸不涂黑，胡子不用粘马毛，头盔不用纸做，刀杖不用木头，传说不要杜撰，不要唱弋阳腔，才能有八九分像。于是分头四方寻找，找又黑又矮的汉子，找高大的汉子，找云游的和尚，找又胖又高的和尚，找健硕的妇人，找姣好高挑的妇人，找脸上有青痣的人，找歪脑袋的人，找红胡子的人，找美髯公，找黑大汉，找红脸长胡子的人。人们在城里极力寻找，找不到就去城外、村里、偏远山里、邻近州县寻找，花重金请来，凑了三十六人。“梁山泊好汉”，各个活灵活现，众人凑齐，人马齐整地列队游行，观看的人围追堵截，就像古时候女子围观美男子卫玠。

五雪叔从广陵回来，买了许多绸缎，制作成八个台阁，包括：六个雷部、一个菩萨、一处龙宫，华丽庄重，漂亮高雅。看到的人目光和心神都被它攫获。自从有台阁以来，有的华丽可是不庄重，有的漂亮可是不高雅，有的华丽高贵，可是没有内涵、没有意趣。五雪叔做得无可挑剔，轻薄的人有的说：“他不用谦虚，事事都做得精致。”

叔祖南华老人感到奇怪，小声问我说：“《水浒》和祈雨有什么关系？近日余山盗贼作乱，这不是迎接他们吗？”我俯首思考，确实荒诞无据，慢慢回应说：“有关系，《水浒传》中那些下凡的天罡星最后由宿太尉收场。当时，宿太尉用了六块大牌子，两块上面写‘奉旨招安’，一块写‘风调雨顺’，一块写‘盗息民安’，更有两块写着大字‘及时雨’，在前面引导。”围观的人欢喜赞叹，老人也偷偷笑着离开。

山艇子

龙山自巘花阁而西皆骨立，得其一节，亦尽名家。山艇子石，意尤孤孑，壁立霞剥，义不受土。大樟徙其上，石不容也，然不恨石，屈而下，与石相亲疏。石方广三丈，右坳而凹，非竹则尽矣，何以浅深乎石。

然竹怪甚，能孤行，实不藉石。竹节促而虬，叶毶毶如猬毛，如松狗尾，离离矗矗，捎捩攒挤，若有所惊者。竹不可一世，不敢以竹二之。或曰：古今错刀也。或曰：竹生石上，土肤浅，蚀其根，故轮囷盘郁，如黄山上松。

山艇子樟，始之石，中之竹，终之楼。意长楼不得竟其长，故艇之。然伤于贪，特特向石，石意反不之属，使去丈而楼，壁出，樟出，竹亦尽出。竹石间意，在以淡远取之。

［译文］

龙山从巘花阁向西，山的形态都形销骨立，能得到其中一节，也可以成为名家。山艇子这块石头，给人感觉最孤绝，石头陡峭直立没有斑斓色彩，没有土壤覆盖在上面。有高大的樟树长在上面，石头不接纳它，树却不憎恨石头，屈身向下，和石头亲密相处。石头有三丈宽，右侧凹陷进去，如果不是竹子长在那里，真无从知道石头有多深。

可是竹子也是十分奇怪，遗世独立，绝不依傍石头。竹节短而弯曲，竹叶齐整，像刺猬的毛，像松狗的尾巴，枝叶茂盛挺拔，风吹过，叶子随风向摇晃，互相簇拥，像是受到惊吓。竹子气节不可一世，没人敢小看。有人说竹叶的形状像古代金错刀钱币。有人说竹长在石头上，土壤少，不能满足它的根，所以竹根弯曲盘旋像黄山松树。

山艇子的樟树，长在石头上，有竹子陪伴，最终长到楼阁那么高，看来还会比楼更高，所以被叫作艇子。可是它的不足就在于贪心，一心亲近石头，石头却无意。假如它向着楼阁移动一丈，那山石、樟树、竹子都可以显露出来。竹子和石头的关系，在于淡然、疏离，这是可以借鉴的。

悬杪亭

余六岁随先君子读书于悬杪亭。记在一峭壁之下，木石撑距，不藉尺土，飞阁虚堂，延骈如栉。缘崖而上，皆灌木高柯，与檐甃相错。取杜审言“树杪玉堂悬”句，名之“悬杪”，度索寻樟，大有奇致。后仲叔庐其崖下，信堪舆家言，谓碍其龙脉，百计购之，一夜徙去，鞠为茂草。儿时怡寄，常梦寐寻往。

[译文]

我六岁时跟着父亲在悬杪亭读书，记得亭子建在一道峭壁下面，树木石头互相支撑，根本不借助土壤，楼阁、厅堂凌空，像梳子齿密集排列。沿着悬崖向上，灌木树干高大，和屋檐交错。亭子的名字取自杜审言的诗句“树杪玉堂悬”，称为“悬杪”。沿着索道去寻找樟树，有十分奇妙的景致。后来二叔在悬崖下结庐修炼，他相信风水先生的话，说亭子妨碍了龙脉，于是费尽心思买了下来，一夜间亭子被夷为平地，那里变得衰败荒芜、杂草茂盛。那里是我儿时寄托快乐的地方，我常常在梦里追寻过往。

雷殿

雷殿在龙山磨盘冈下，钱武肃王于此建蓬莱阁，有断碣在焉。殿前石台高爽，乔木萧疏。六月，月从南来，树不蔽月。余每浴后拉秦一生、石田上人、平子辈坐台上，乘凉风，携肴核，饮香雪酒，剥鸡豆，啜乌龙井水，水凉冽激齿。下午着人投西瓜浸之，夜剖食，寒栗逼人，可雠三伏。林中多鹘，闻人声辄惊起，磔磔云霄间，半日不得下。

［译文］

雷公殿建在龙山磨盘冈下，钱武肃王在这里曾经建蓬莱阁，现在还有断裂的碑石存留在那里。大殿前的石台高大宽阔，乔木萧瑟稀疏。六月间，月光从南面照过来，树木遮不住月光。我每每沐浴后拉上秦一生、石田上人、平子等人坐在石台上乘凉，带着菜肴干果，畅饮香雪酒，剥着芡实，啜饮乌龙井水，井水冷冽冰牙。下午让人把西瓜放井里浸泡，夜晚切开来吃，冰凉得让人打寒战，可以消退三伏的暑热。树林中有很多鹰隼，听到人的声音就惊飞，在云霄鸣叫，很久都不落下。

龙山雪

天启六年十二月，大雪深三尺许。晚霁，余登龙山，坐上城隍庙山门，李岕生、高眉生、王畹生、马小卿、潘小妃侍。万山载雪，明月薄之，月不能光，雪皆呆白。坐久清冽，苍头送酒至，余勉强举大觥敌寒，酒气冉冉，积雪欱之，竟不得醉。马小卿唱曲，李岕生吹洞箫和之，声为寒威所慑，咽涩不得出。三鼓归寝。马小卿、潘小妃相抱从百步街旋滚而下，直至山趾，浴雪而立。余坐一小羊头车，拖冰凌而归。

[译文]

天启六年十二月，下了大雪，积雪有三尺多厚。晚上雪停了，我登上龙山，坐在城隍庙山门旁，李岕生、高眉生、王畹生、马小卿、潘小妃陪着我。群山被雪覆盖，明月离山很近，月亮发不出光芒，雪呈现呆板的白色。在地上坐久了阴冷刺骨，老仆人送酒来，我勉强举起大杯喝下御寒，酒气升腾，被积雪吸走，竟然不会醉。马小卿唱曲，李岕生吹奏洞箫应和，声音慑于严寒的威力，哽咽苦涩不响亮。三鼓后回去就寝，马小卿、潘小妃互相抱着从百步街旋转翻滚下山，像在雪中洗过澡一样站在山脚。我坐独轮小车，拖着冰凌回家。

庞公池

庞公池岁不得船，况夜船，况看月而船。自余读书山艇子，辄留小舟于池中，月夜，夜夜出，缘城至北海坂，往返可五里，盘旋其中。山后人家，闭门高卧，不见灯火，悄悄冥冥，意颇凄恻。余设凉簟，卧舟中看月，小傒船头唱曲，醉梦相杂，声声渐远，月亦渐淡，嗒然睡去。歌终忽寤，含糊赞之，寻复鼾齁。小傒亦呵欠歪斜，互相枕藉。舟子回船到岸，篙啄丁丁，促起就寝。此时胸中浩浩落落，并无芥蒂，一枕黑甜，高春始起，不晓世间何物谓之忧愁。

［译文］

庞公池内是从来没有行船的，更不要说夜行船，更不要说为了看月色而行船。自从我在山艇子读书，就留了一只小船在池里，有月亮的晚上，每晚都要坐船出行，顺着城中河道划到北海坂，往返有五里远，我在水中来来回回。山后的人家，关上门扉进入梦乡，灯火熄灭，没有动静，一片昏暗，显得很是凄清寥落。我铺一块凉席，躺在船上赏月，小仆人在船头唱曲，半醉半梦中，声音渐渐缥缈，月色也渐渐浅淡，松弛中进入梦乡。歌唱完了我忽然醒来，语意含糊地叫声好，一会儿又鼾声大作。小仆人也是哈欠连天坐得歪歪斜斜，横竖交错躺在一起。船夫向岸边划去，船篙敲击像啄木鸟的声音，催促我上岸睡觉。这时我胸中无比开阔，没有一点杂念，酣然入睡，黄昏才睡醒起来，不知道世上什么才是忧愁。

品山堂鱼宕

二十年前强半住众香国，日进城市，夜必出之。品山堂孤松箕踞岸帻入水。池广三亩，莲花起岸，莲房以百以千，鲜磊可喜。新雨过，收叶上荷珠煮酒，香扑烈。

门外鱼宕横亘三百余亩，多种菱芡。小菱如姜芽，辄采食之，嫩如莲实，香似建兰，无味可匹。深秋，橘奴饱霜，非个个红绽不轻下剪。季冬观鱼，鱼艓千余艘，鳞次栉比，罱者夹之，罛者扣之，籍者罨之，罿者撒之，罩者抑之，罣者举之。水皆泥泛，浊如土浆。鱼入网者圉圉，漏网者唅唅，寸鲵纤鳞，无不毕出。集舟分鱼，鱼税三百余斤，赤魚白肚，满载而归。约吾昆弟，烹鲜剧饮，竟日方散。

［译文］

二十年前，我大半的时间住在众香国，白天进城，晚上一定出城回来。品山堂有一棵孤松枝叶横生，孤傲伫立，树冠潇洒地轻拂水面。池子方圆三亩，莲花一直长到了岸边，莲蓬成百上千，鲜嫩可爱。新雨过后，收集荷叶上的雨水煮酒，香气扑鼻浓烈。

门外的鱼塘，纵深三百多亩，种了很多菱角和芡实。小的菱角像姜芽，随手采来吃，嫩得像芡实，香气像建兰，味道绝美。深秋时节，橘子饱经风霜，不是各个又红又饱满绝不轻易剪下来。冬季可以看鱼，打鱼的小渔船有千余艘，鳞次栉比。打鱼人有的用罱夹鱼，用大渔网扣鱼，用鱼叉扎鱼，有人撒渔网，有人用罩捕鱼，有人把挂满鱼的网拉上来。水浑浊得像泥浆。在网里的鱼筋疲力尽，漏网的鱼惊魂未定，大口呼吸。连一寸长的、鱼鳞细小的小鱼都在网里。小船聚集在一起分鱼，要交鱼税三百余斤。我带着鲜红色、白肚皮的鱼满载而归。约来我的亲朋好友，尝鲜豪饮，热闹一天才散去。

松花石

松花石，大父舁自潇江署中。石在江口神祠，土人割牲飨神，以毛血洒石上为恭敬，血渍毛毵，几不见石。大父舁入署，亲自祓濯，呼为“石丈”，有《松花石纪》。今弃阶下，载花缸，不称使。余嫌其轮囷臃肿，失松理，不若董文简家茁错二松橛，节理槎枒，皮断犹附，视此更胜。大父石上磨崖铭之曰：“尔昔鬣而鼓兮，松也；尔今脱而骨兮，石也；尔形可使代兮，贞勿易也；尔视余笑兮，莫余逆也。”其见宝如此。

［译文］

松花石是祖父从潇江署中抬回来的。这块石头在江口神祠，当地人宰杀牲畜祭神，把皮毛和血洒在石头上表示恭敬，血渍和细毛附着在上面，几乎看不到石头的本来面目。祖父把它抬到官府里，亲自除垢清洗，把它称为“石丈”，写有《松花石纪》。如今石头被丢弃在石阶下，托着花缸，用起来不称心。我嫌它弯曲臃肿，没有松树的纹理，不像董文简家中两根粗壮、错落有致的松树桩，枝杈参差，树皮虽然断裂但还是附着在树桩上，看起来比松花石赏心悦目。祖父在石头上刻了铭文，写道：“你从前松针像鬃毛一样竖立，是松树；你如今蜕变得像骨胳一样，是石头；你的外形可以变化，贞操不会改变；你看着我微笑，不要违背我的志向。”由此可以看到我祖父多么珍爱它。

闰中秋

崇祯七年闰中秋，仿虎丘故事，会各友于蕺山亭。每友携斗酒、五簋、十蔬果、红毡一床，席地鳞次坐。缘山七十余床，衰童塌妓，无席无之。在席者七百余人，能歌者百余人，同声唱“澄湖万顷”，声如潮涌，山为雷动。诸酒徒轰饮，酒行如泉。夜深客饥，借戒珠寺斋僧大锅煮饭饭客，长年以大桶担饭不继。命小傒岕竹、楚烟于山亭演剧十余出，妙入情理，拥观者千人，无蚊虻声，四鼓方散。

月光泼地如水，人在月中，濯濯如新出浴。夜半，白云冉冉起脚下，前山俱失，香炉、鹅鼻、天柱诸峰，仅露髻尖而已，米家山雪景仿佛见之。

［译文］

崇祯七年闰中秋，我仿照虎丘赏月的习俗，和各位朋友在蕺山亭聚会。规定每位友人带一斗酒、五个菜肴、十种蔬果、一床红毡，排列着席地而坐。沿着山脚一共有七十余席，疲惫的戏童和艺妓，每张席上都有。参加的有七百余人，能唱歌的有百余人，一起齐唱“澄湖万顷”，声音像大潮奔涌，山都发出雷鸣一样的回声。每个酒徒都狂饮，酒的消耗像泉水流淌。夜深后，客人饿了，我借用戒珠寺僧人用的大锅煮饭给客人，老仆人用大桶挑饭都供不应求。我命令小童岕竹、楚烟在山亭演了十余出戏曲，美妙精彩，簇拥观看的有近千人，四周连小虫的杂音都没有，四鼓才散去。

月光洒在地上像水一样，人在月光下，洁净得像刚刚出浴。夜半时分，白云从脚下冉冉升起，前面的山都看不见了，香炉、鹅鼻、天柱各山峰，仅仅露出山头，仿佛呈现出米家山描画的雪景。

愚公谷

无锡去县北五里为铭山。进桥店在左岸，店精雅，卖泉酒水坛、花缸、宜兴罐、风炉、盆盎、泥人等货。愚公谷在惠山右，屋半倾圮，惟存木石。惠水涓涓，由井之涧，由涧之溪，由溪之池、之厨、之湢，以涤、以濯、以灌园、以沐浴、以净溺器，无不惠山泉者，故居园者福德与罪孽正等。

愚公先生交游遍天下，名公巨卿多就之，歌儿舞女、绮席华筵、诗文字画，无不虚往实归。名士清客至则留，留则款，款则饯，饯则赆。以故愚公之用钱如水，天下人至今称之不少衰。

愚公文人，其园亭实有思致文理者为之，磥石为垣，编柴为户，堂不层不庑，树不配不行。堂之南，高槐古朴，树皆合抱，茂叶繁柯，阴森满院。藕花一塘，隔岸数石，乱而卧。土墙生苔，如山脚到涧边，不记在人间。园东逼墙一台，外瞰寺，老柳卧墙角而不让台，台遂不尽瞰，与他园花树故故为容，亭台意特特为园者不同。

[译文]

无锡出县城向北五里就是铭山。过一座桥，有家店铺在河的左岸，店铺精致清雅，卖泉水酒水坛、花缸、宜兴陶罐、风炉、盆盎和泥人等东西。愚公谷在惠山西面，房屋差不多倒塌荒废了，只有树木、石头还在。惠水涓涓流淌，从水井流到山涧，从山涧流到小溪，由小溪流到池塘、厨房、浴室，人们洗涮、洒水、灌溉果园、沐浴、洗便器，都用惠山泉水，所以住在园里的人因为用水做各种事情，福德和罪孽是相等的。

愚公先生交游遍布天下，有名望的公卿都愿意接近他，往来间歌舞助兴、华丽的筵席、诗文字画，都真心实意操办。名士、雅客来了，愚公就挽留，还要款待、践行，分手时还要送礼物。愚公花钱如流水，天下人到今天都还称赞他，一点也没减少。

愚公是文人，他的院子和亭子是有才思和情趣的人修建的，垒石头当矮墙，编荆柴做门户，大堂不分层也不建走廊，树木随意种植。大堂南面，古槐树苍老古朴，树木都有合抱粗，枝叶繁茂，树荫浓密遮蔽整个园子。池塘开满荷花，隔岸有几块石头，杂乱卧在地上。土墙长满青苔，从山脚到河边，让人怀疑不是在人间。园子东边紧靠园墙搭一台子，站在上面可以向外俯瞰寺院，有株老柳树卧在墙角侵占了台子，阻碍了视线。这和其他园子种花草树木都是为了陪衬亭台，刻意用亭台景致造园不一样。

定海水操

定海演武场在招宝山海岸。水操用大战船、唬船、蒙冲、斗舰数千余艘，杂以鱼艓轻艨，来往如织。舳舻相隔，呼吸难通，以表语目，以鼓语耳，截击要遮，尺寸不爽。健儿瞭望，猿蹲桅斗，哨见敌船，从斗上掷身腾空溺水，破浪冲涛，顷刻到岸，走报中军，又趵跃入水，轻如鱼凫。

水操尤奇在夜战，旌旗干橹皆挂一小镫，青布幕之，画角一声，万蜡齐举，火光映射，影又倍之。招宝山凭槛俯视，如烹斗煮星，釜汤正沸。火炮轰裂，如风雨晦冥中电光翕焱，使人不敢正视；又如雷斧断崖石，下坠不测之渊，观者褫魄。

［译文］

定海演武场在招宝山海岸。水军演练会出动大战船、唬船、蒙冲、斗舰等大小战船数千艘，还夹杂着一些轻便小船，往来如织。船头尾相隔，音讯难通，用旗语或是鼓点传递信息。演练时拦截、攻击敌方要害，精确无误。健儿在高处瞭望，像猿一样蹲在桅斗里，侦察到敌船，就从斗上投身腾空入水，搏击风浪，一会儿就游到岸上，跑去向中军大人禀报，然后又腾跃入水，在水里动作轻盈得像鱼或野鸭子。

水军演练更神奇的是夜战，旌旗和盾牌上都挂一盏小灯，用黑布遮挡，号角声响起，万根蜡烛同时发光，火光映射下，影子成倍增加。在招宝山上凭栏俯视，水面就像烹煮星斗，像锅中开水翻滚。火炮轰鸣炸裂，像风雨黑暗中雷电闪烁，让人不敢正视；又像炸雷劈断山崖，坠入无底深渊，看的人被吓得失魂落魄。

阿育王寺舍利

阿育王寺，梵宇深静，阶前老松八九棵，森罗有古色。殿隔山门远，烟光树樾，摄入山门，望空视明，冰凉晶沁。右旋至方丈门外，有娑罗二株，高插霄汉。便殿供旃檀佛，中储一铜塔，铜色甚古，万历间慈圣皇太后所赐藏舍利子塔也。舍利子常放光，琉璃五彩，百道迸裂，出塔缝中，岁三四见。凡人瞻礼舍利，随人因缘现诸色相。如墨墨无所见者，是人必死。昔湛和尚至寺，亦不见舍利，而是年死。屡有验。

次早，日光初曙，僧导余礼佛，开铜塔，一紫檀佛龛供一小塔，如笔筒，六角，非木非楮，非皮非漆，上下皾定，四围镂刻花楞梵字。舍利子悬塔顶，下垂摇摇不定，人透眼光入楞内，复眡眼，上视舍利，辨其形状。余初见三珠连络如牟尼串，煜煜有光。余复下顶礼，求见形相，再视之，见一白衣观音小像，眉目分明，鬍鬘皆见。秦一生反复视之，讫无所见，一生遑遽，面发赤，出涕而去。一生果以是年八月死，奇验若此。

［译文］

阿育王寺的庙宇幽深宁静，台阶前有八九棵苍劲的老松树，浓郁繁茂有沧桑感。大殿离山门距离远，云雾笼罩树荫浓郁，进入山门，仰望天空视觉开阔，感觉冰凉清澈，沁人心扉。向右转到方丈门外，种着两棵娑罗树，树木高大直插云霄。便殿供奉着一尊檀香木佛，中间藏着一座铜塔，铜的颜色很有年代感，是万历年间慈圣皇太后所赐，这是藏佛祖舍利的塔。舍利子经常发光，像琉璃一样五光十色，百道光芒从塔的缝隙中迸射出来，每年能看到三四次。平常人参拜舍利，根据与佛的因缘，舍利会显现不同色相。如果漆黑一片什么都看不到，这个人必死无疑。从前湛和尚到寺里，也没有见到舍利，当年就死了。这件事多次应验。

第二天早晨，刚刚天亮，僧人引导我礼佛，打开铜塔，见到一个紫檀佛龛中供奉着一个小佛塔，像笔筒的六角，材质不是木头也不是纸，不是皮革也不是漆器，上下包裹严实，四周雕刻花楞梵文。舍利子悬挂在塔顶，向下悬垂摇晃不定，人们通过花楞看里面，再眯着眼仔细向上看舍利，分辨它的形状。我初见是三颗珠子连在一起像一串佛珠，闪闪发光。我又下拜行礼，想看到舍利的形状，再看时见到一尊白衣观音小佛像，眉眼清晰，鬓毛额发都可以看清。秦一生看了好几遍，最终什么都没看到。一生很恐慌，脸色通红，哭着离开。一生果然在这一年八月故去，这颗舍利子就是这么灵验。

过剑门

南曲中妓，以串戏为韵事，性命以之。杨元、杨能、顾眉生、李十、董白以戏名，属姚简叔期余观剧。傒僮下午唱《西楼》，夜则自串。傒僮为兴化大班，余旧伶马小卿、陆子云在焉，加意唱七出，戏至更定，曲中大咤异。杨元走鬼房问小卿曰："今日戏，气色大异，何也？"小卿曰："坐上坐者余主人。主人精赏鉴，延师课戏，童手指千，傒僮到其家谓'过剑门'，焉敢草草！"

杨元始来物色余。《西楼》不及完，串《教子》。顾眉生：周羽；杨元：周娘子；杨能：周瑞隆。杨元胆怯肤栗，不能出声，眼眼相觑，渠欲讨好不能，余欲献媚不得，持久之，伺便喝采一二，杨元始放胆，戏亦遂发。嗣后曲中戏，必以余为导师，余不至，虽夜分不开台也。以余而长声价，以余长声价之人而后长余声价者，多有之。

[译文]

演唱南昆戏曲的艺妓，把唱戏当作风雅的事，表演非常投入。杨元、杨能、顾眉生、李十、董白都因唱戏出名，她们嘱咐姚简叔邀请我去看戏。小戏童下午唱《西楼》，夜晚时她们亲自登台。戏班演员来自兴化大班，原来我家戏班的演员马小卿、陆子云都在里面。那天演员加倍用力唱了七出戏，唱到一更后，演员表演与平时不同，让人觉得很是奇怪。杨元到化妆间问小卿："今天你的表演，气势、神态和平常大不一样，为什么？"小卿说："坐在上宾席位的是我的主人。主人精于戏曲鉴赏，请师傅为我们讲戏，请过很多人，戏班到他家唱戏，叫作'过剑门'，哪里敢潦草敷衍！"

杨元开始注意到我。《西楼》还没唱完，她就开始唱《教子》。顾眉生演周羽，杨元演周娘子，杨能演周瑞隆。杨元因为胆怯而战栗，发不出声音，她和我面面相觑。她想讨得观众喝彩却表现不出来，我想向她示好也无计可施，过了好久，借着机会我喊了几声好，杨元才开始放开胆子，戏也就正常唱下去。此后再唱戏，一定要让我做导师，我不到，即使到了后半夜也不开唱。因为我抬高了名声和身价的演员，因为我抬高了她们从而也抬高了我名声和身价的人，有很多。

冰山记

魏珰败，好事者作传奇十数本，多失实，余为删改之，仍名《冰山》。城隍庙扬台，观者数万人，台址鳞比，挤至大门外。一人上，白曰："某杨涟。"口口谇谍曰："杨涟！杨涟！"声达外，如潮涌，人人皆如之。杖范元白，逼死裕妃，怒气忿涌，噤龂嚄唶。至颜佩韦击杀缇骑，嗚呼跳蹴，汹汹崩屋。沈青霞缚藁人射相嵩以为笑乐，不是过也。

是秋，携之至兖，为大人寿。一日，宴守道刘半舫，半舫曰：“此剧已十得八九，惜不及内操、菊宴，及逼灵犀与囊收数事耳。”余闻之。是夜席散，余填词，督小傒强记之。次日，至道署搬演，已增入七出，如半舫言。半舫大骇异，知余所构，遂诣大人，与余定交。

[译文]

魏忠贤倒台后，好事的人写了十数本传奇，有很多失实的地方，我做了删改，名字还叫《冰山》。在城隍庙戏台公演，观看的人有几万，观众在戏台下鳞次栉比排开，一直挤到大门外面。一个演员上台，念白说：“我是杨涟。”观众小声互相传话：“杨涟！杨涟！”声音传到场外，像潮水涌动，人人都是这样。演到乱棍打死范元白、逼死裕妃时，观众怒气喷涌，咬牙切齿，大声阻止、呼喊。演到颜佩韦击杀锦衣卫校尉时，观众欢呼跳跃，声音大得像要把房子震塌。沈青霞绑草人当成严嵩，射杀他来取乐，不算过分。

这年秋天，我把戏带到兖州，为父亲贺寿。一天，宴请守道刘半舫，半舫说：“这部戏已经把史实演了八九成，可惜还没有提到魏忠贤在宫中操练太监、菊宴、逼迫官员以及奸党被一网打尽的事情。”我听后，当夜宴席散去，我重新填词，督促戏班演员卖力记下新词。第二天，带戏班到道署衙门上演，已增加七出戏，都是根据半舫说的。半舫非常吃惊，知道是我撰写的，于是来拜访我父亲，和我定下交情。

卷八

龙山放灯

万历辛丑年，父叔辈张灯龙山，剡木为架者百，涂以丹雘，帨以文锦，一灯三之。灯不专在架，亦不专在磴道，沿山袭谷，枝头树杪无不灯者，自城隍庙门至蓬莱岗上下，亦无不灯者。山下望如星河倒注，浴浴熊熊，又如隋炀帝夜游，倾数斛萤火于山谷间，团结方开，倚草附木，迷迷不去者。好事者卖酒，缘山席地坐。山无不灯，灯无不席，席无不人，人无不歌唱鼓吹。

男女看灯者，一入庙门，头不得顾，踵不得旋，只可随势潮上潮下，不知去落何所，有听之而已。庙门悬禁条：禁车马，禁烟火，禁喧哗，禁豪家奴不得行辟人。父叔辈台于大松树下，亦席，亦声歌，每夜鼓吹笙簧与宴歌弦管，沉沉昧旦。

十六夜，张分守宴织造太监于山巅星宿阁，傍晚至山下，见禁条，太监忙出舆，笑曰："遵他，遵他，自咱们遵他起！"却随役，用二丱角扶掖上山。夜半，星宿阁火罢，宴亦遂罢。

灯凡四夜，山上下糟丘肉林，日扫果核、蔗滓及鱼肉骨、蠡蜕，堆砌成高阜，拾妇女鞋挂树上，如秋叶。

相传十五夜，灯残人静，当垆者正收盘核，有美妇六七人买酒，酒尽，有未开瓮者。买大罍一，可四斗许，出袖中蓏果，顷刻罄罍而去。疑是女人星，或曰酒星。又一事：有无赖子于城隍庙左借空楼数楹，以姣童实之，为"帘子胡同"。是夜，有美少年来狎某童，剪烛殢酒，媟亵非理，解襦，乃女子也，未曙即去，不知其地、其人，或是妖狐所化。

［译文］

万历辛丑年，我的父叔辈在龙山办灯会。他们削木头做了上百个架子，涂成红色，包上文锦，每盏灯放在三条腿的支架上。灯不只放在架子上，也不只放在沿路台阶边，漫山遍野，枝头树梢到处有灯，从城隍庙门到蓬莱岗上上下下，没有不挂灯的地方。从山上俯瞰像是星河倾泻，灯光璀璨；又像隋炀帝夜间出游，把萤火虫放飞在山谷间，集聚后四散飞去，依附在草木上，恋恋不舍。好事者售卖美酒，人们沿山席地而坐。满山没有不挂灯，灯下没有不铺席子，席上没有不坐人，人们没有不歌唱奏乐的。

男男女女看灯的人，一进庙门，不能回头，不能转身，只能随着人流像潮水一样上上下下，不知道去到哪里，只好听之任之。庙门贴着禁止事项：禁止车马通行，禁止燃放烟火，禁止大声喧哗，禁止豪门富户家奴呵斥行人避让。父叔们搭台子在大松树下面，可以设宴席，也可以表演，每晚吹拉弹唱，不知不觉就到天亮。

十六日晚上，张分守在山顶星宿阁宴请织造太监，傍晚到了山下，看见禁条，太监忙从车上下来笑着说："要遵守，要遵守，从咱们开始遵守。"让随从退下，由两个小仆人搀扶着上山。半夜，星宿阁灯火熄灭，宴席也散去。

灯会举办四个晚上，龙山上下酒成山、肉成林，每天清扫的果核、甘蔗渣还有鱼骨、肉骨、贝壳，堆成小山。人们把捡到的女人的鞋子挂在树上，像秋叶一样。

相传十五日夜里，灯残人静时，卖酒的人正收摊准备打烊，来了六七个美丽的女子买酒，散酒已卖完，只有还没开坛的。女子买了一大坛，能装四斗多，她们拿出袖子里的瓜果，没一会儿就喝光酒离开。人们怀疑她们是女人星，或者说是酒星。还有一件事：有市井无赖租了城隍庙左边的几座空楼，把容貌姣好的童子养在那里，称为“帘子胡同”。当晚，有个美少年来狎亵一个娈童，剪亮蜡烛，醉饮美酒，轻薄非礼，解开衣服发现是个女子，天没亮就离开了，不知道来自哪里、是什么人，也许是妖狐变化的。

王月生

南京朱市妓，曲中羞与为伍。王月生出朱市，曲中上下三十年决无其比也。面色如建兰初开，楚楚文弱，纤趾一牙，如出水红菱。矜贵寡言笑，女兄弟、闲客多方狡狯，嘲弄咍侮，不能勾其一粲。善楷书，画兰竹水仙；亦解吴歌，不易出口。南京勋戚大老力致之，亦不能竟一席。富商权胥得其主席半晌，先一日送书帕，非十金则五金，不敢亵订。与合卺，非下聘一二月前，则终岁不得也。

好茶，善闵老子，虽大风雨、大宴会，必至老子家啜茶数壶始去。所交有当意者，亦期与老子家会。一日，老子邻居有大贾，集曲中妓十数人，群谇嘻笑，环坐纵饮。月生立露台上，倚徙栏楯，眠娗羞涩，群婢见之皆气夺，徙他室避之。

月生寒淡如孤梅冷月，含冰傲霜，不喜与俗子交接；或时对面同坐起，若无睹者。有公子狎之，同寝食者半月，不得其一言。一日口嗫嚅动，闲客惊喜，走报公子曰：“月生开言矣！”哄然以为祥瑞，急走伺之。面赪，寻又止。公子力请再三，蹇涩出二字曰：“家去。”

[译文]

南京朱市的妓女，曲院妓女羞与为伍。王月生出自朱市，可是曲院上下三十年，绝对没人能和她相比。王月生面容像建兰刚刚开放，楚楚动人，文静纤弱，脚长得纤巧，像是出水红菱。她矜持高贵，很少说话，也不露笑容，妓院中的姐妹和一些无事可做的客人，想尽办法和她开玩笑，嘲弄调笑，都无法引得她粲然一笑。她擅长楷书，能画梅、兰、竹和水仙，也通晓吴地民歌，可是轻易不唱。南京城的高官、贵戚、德高望重的人下大力气请到她，她也会在筵席间中途离开。富商权贵想邀请她作为主宾出席半天筵席，要提前一天送书帖和礼金，不是十两就是五两，不敢在礼金上怠慢。想要和她交欢，必须要在一两个月前下聘金，否则一年也等不到。

王月生喜欢喝茶，她和闵老子关系好，即使是有大风雨，要出席大宴会，也一定要到老子家喝几壶茶才离开。她结交到喜欢的人，也约到老子家见面。一天，老子的富商邻居，召集曲院的妓女十几人，嬉笑打闹，坐成一圈纵饮。月生站到露台上，沿着栏杆徘徊，显得清秀而娇羞，妓女们见到都自惭形秽，换到其他房间躲避。

月生清寒淡雅像孤梅冷月，不畏严寒，傲视霜雪，不喜欢和凡夫俗子交往。有时和人面对面坐在一起，就像没看见。有个公子狎昵她，一同睡觉吃饭半个月，没听到她说一句话。一天月生欲言又止，闲客惊喜，跑去告诉公子说："月生开口说话了。"大家吵闹着以为是好兆头，急忙跑去等她开口，月生脸色通红，过一会儿又停了，公子再三请求，月生羞涩、艰难地吐出两个字："家去。"

张东谷好酒

余家自太仆公称豪饮，后竟失传，余父余叔不能饮一蠡壳，食糟茄面即发赪，家常宴会，但留心烹饪，庖厨之精，遂甲江左。一簋进，兄弟争啖之立尽，饱即自去，终席未尝举杯。有客在，不待客辞，亦即自去。

山人张东谷，酒徒也，每悒悒不自得。一日起谓家君曰:“尔兄弟奇矣！肉只是吃，不管好吃不好吃；酒只是不吃，不知会吃不会吃。”二语颇韵，有晋人风味。而近有伧父载之《舌华录》，曰:“张氏兄弟赋性奇哉！肉不论美恶，只是吃；酒不论美恶，只是不吃。”字字板实，一去千里，世上真不少点金成铁手也。

东谷善滑稽，贫无立锥，与恶少讼，指东谷为万金豪富，东谷忙忙走诉大父曰:“绍兴人可恶，对半说谎，便说我是万金豪富！”大父常举以为笑。

[译文]

我的家族从太仆公开始号称喝酒海量，到后来这个特征竟然失传了。我的父亲和我的叔叔连一小杯的酒都不能喝，吃酒糟茄子，脸都会发红。家常宴会时他们只专注菜肴，于是厨师技艺高超，在江左一带居于首位。一道菜肴端上来，兄弟们马上抢着吃干净，吃饱后径自离开，整个宴席自始至终没举过酒杯。有客人在宴席上，他们不等客人告辞，也会自己先离席。

隐士张东谷是个酒徒，经常愁闷不乐。有一天在宴席上站起来对我父亲说:“尔兄弟奇矣！肉只是吃，不管好吃不好吃；酒只是不吃，不知会吃不会吃。”这两句话很有韵味，有晋代人的风范。可是最近有鄙薄卑贱的人把这事记到了《舌华录》中，说:

“张氏兄弟赋性奇哉！肉不论美恶，只是吃；酒不论美恶，只是不吃。”每个字都呆板不灵动，和张东谷的话一去千里，世上真是不缺少点金成石的手。

张东谷善于说笑，穷得没有立锥之地，和恶少打官司，恶少说张东谷是家财万金的豪富之人，张东谷急忙跑来告诉我祖父说：“绍兴人太可恶，成倍说谎，竟然说我是万金豪富！”我祖父常常拿这件事说笑。

楼船

家大人造楼，船之；造船，楼之。故里中人谓“船楼”，谓“楼船”，颠倒之不置。是日落成，为七月十五，自大父以下，男女老稚靡不集焉。以木排数重搭台演戏，城中村落来观者，大小千余艘。午后飓风起，巨浪磅礴，大雨如注，楼船孤危，风逼之几覆，以木排为戙，索缆数千条，网网如织，风不能撼。少顷风定，完剧而散。

越中舟如蠡壳，跼蹐篷底看山，如矮人观场，仅见鞋靸而已，升高视明，颇为山水吐气。

［译文］

我父亲造楼像是船，造船像是楼。所以邻里们有的叫船楼，有的叫楼船，也不理会两个词谁在前后。这一天船造好了，赶上七月十五，我家从祖父以下男女老幼，都聚到一起看船。家人们用几层木排搭起台子在上面唱戏，城里、村里来观看的，有大大小小千余艘船。中午过后刮起了飓风，掀起的巨浪气势磅礴，大雨如注，楼船孤零零的很危险，大风吹得它就要翻倒。人们把木排当成桩子，系上几千条绳索，像密实的网一样拉住船，风便不能撼动楼船。过一阵风停了，演完剧人们才散去。

越中的小船像螺壳，人蜷缩在船篷底下看山，像矮子看戏，只能看到演员的鞋子而已，把戏台搭高，视野开阔明朗，真是为山水扬眉吐气。

阮圆海戏

阮圆海家优，讲关目，讲情理，讲筋节，与他班孟浪不同。然其所打院本，又皆主人自制，笔笔勾勒，苦心尽出，与他班卤莽者又不同。故所搬演，本本出色，脚脚出色，出出出色，句句出色，字字出色。余在其家看《十错认》《摩尼珠》《燕子笺》三剧，其串架斗笋、插科打诨、意色眼目，主人细细与之讲明。知其义味，知其指归，故咬嚼吞吐，寻味不尽。至于《十错认》之龙灯、之紫姑，《摩尼珠》之走解、之猴戏，《燕子笺》之飞燕、之舞象、之波斯进宝，纸札装束，无不尽情刻画，故其出色也愈甚。

阮圆海大有才华，恨居心勿静，其所编诸剧，骂世十七，解嘲十三，多诋毁东林，辩宥魏党，为士君子所唾弃，故其传奇不之著焉。如就戏论，则亦镞镞能新，不落窠臼者也。

[译文]

阮圆海家的戏班，讲究情节安排和构思，讲究合乎情理，讲究转折递进，和其他戏班马虎、轻率不同。他们用的脚本，又都是主人自己写的，每一笔细细勾勒，煞费苦心，和其他戏班随意为之又不同。所以上演的剧目，每一本都出色，每个角色都出色，每一出都出色，每一句都出色，每个字都出色。我在他家看过《十错认》《摩尼珠》《燕子笺》三个剧目，其中的起承转合、插科打诨、表情神态，主人都细细给演员讲清楚。演员知道含义，知道要表达的效果，所以仔细咀嚼揣摩，表演耐人寻味。《十错认》的龙灯、紫姑，《摩尼珠》的马戏、猴戏，《燕子笺》的飞燕、舞象、波斯进宝这些场景中，道具服饰，都费尽心力制作，所以越发出类拔萃。

阮圆海才华过人，可惜他心态浮躁，他编写的各个剧本，咒骂世道的占十分之七，自我解嘲的占十分之三，大多是诋毁东林党，为魏党辩解，被正人君子唾弃，所以他写的传奇不被传扬。如果仅仅谈论他在戏曲方面的成就，他是业内翘楚，是推陈出新、不落窠臼的人。

巘花阁

巘花阁在筠芝亭松峡下，层崖古木，高出林皋，秋有红叶。坡下支壑回涡，石蹬棱棱，与水相距。阁不槛不牖，地不楼不台，意正不尽也。五雪叔归自广陵，一肚皮园亭于此小试：台之、亭之、廊之、栈道之，照面楼之，侧又堂之、阁之，梅花缠折旋之。未免伤板、伤实、伤排挤，意反跼蹐。若石窟书砚，隔水看山、看阁、看石麓、看松峡上松，庐山面目反于山外得之。五雪叔属余作对，余曰："身在襄阳袖石里，家来辋口扇图中。"言其小处。

［译文］

巘花阁在筠芝亭的松峡下面，周围层层山岩，古树参天，比山林还要高。每到秋天满山红叶，山坡下山间溪流曲曲折折打着漩涡，岸边凸起的石头很有气势，和溪水遥遥相对。巘花阁没有安装栏杆、窗户，地面没有修建高楼、台子，韵味纯正悠长。我二叔从广陵回来，装了满脑子关于园林亭台的想法，就拿这里小试牛刀。建了台阁、亭子、长廊、栈道，照面建了楼，旁边又建了厅堂、楼阁，种了枝条弯曲的梅花环绕着他们，未免过于呆板、平实、拥挤，意境反而显得局促狭窄，就像在石窟里摆满书籍、砚台。隔着水可以欣赏那里的山、巘花阁、石头山麓和松峡上的松树，庐山真面目反而要从山外才得以见到。二叔嘱咐我作一副对联，我说："身在襄阳袖石里，家来辋口扇图中。"说的就是园子不够大气。

范与兰

范与兰七十有三，好琴，喜种兰及盆池小景。建兰三十余缸，大如簸箕。早舁而入，夜舁而出者，夏也；早舁而出，夜舁而入者，冬也；长年辛苦，不减农事。花时香出里外，客至坐一时，香袭衣裾，三五日不散。余至花期至其家，坐卧不去，香气酷烈，逆鼻不敢嗅，第开口吞歆之，如流瀣焉。花谢，粪之满箕，余不忍弃，与与兰谋曰：“有面可煎，有蜜可浸，有火可焙，奈何不食之也？”与兰首肯余言。

与兰少年学琴于王明泉，能弹《汉宫秋》《山居吟》《水龙吟》三曲。后见王本吾琴，大称善，尽弃所学而学焉，半年学《石上流泉》一曲，生涩犹棘手。王本吾去，旋亦忘之，旧所学又锐意去之，不复能记忆，究竟终无一字，终日抚琴，但和弦而已。

所畜小景，有豆板黄杨，枝干苍古奇妙，盆石称之。朱樵峰以二十金售之，不肯易。与兰珍爱，“小妾”呼之。余强借斋头三月，枯其垂一干，余懊惜，急舁归与兰。与兰惊惶无措，煮参汁浇灌，日夜摩之不置，一月后枯干复活。

[译文]

范与兰七十三岁，爱好古琴，喜欢种兰花和栽培小盆景。他种了三十余缸建兰，大得像簸箕一样。早晨抬进房间，晚上抬到户外，是在夏天；早晨抬出去，晚上抬进来，是在冬天；他为此长年劳作很辛苦，农事从不怠慢。建兰开花时，香气弥漫，客人来坐上一个时辰，香气就附着到衣服上，三五天都不会消散。我在花期时到他家，坐着卧着不愿离去。花香过于浓烈，扑鼻而来，让人不敢近前去闻，但是张开嘴吞咽，像吸吮露水一般。花谢了，花瓣像粪土一样装满簸箕，我不忍心丢弃，和范与兰商量说：“花瓣可以裹面粉煎炸，可以用蜂蜜浸泡，可以用火烘焙，为什么不吃掉呢？”与兰赞同我的话。

与兰年少时师从王明泉学古琴，能弹奏《汉宫秋》《山居吟》

《水龙吟》三首曲目。后来见到王本吾弹琴，非常喜欢，抛弃原来学的转而向王本吾学琴，半年时间学了《石上流泉》一支曲子，弹得不流畅，不顺手。王本吾离开后，他很快忘记了所学，而以前学的曲子因为执意要放弃，不再记得，最终连一个音符都弹不出来，每天弹琴，不过弹些和弦罢了。

他栽培的小盆景，有一盆黄杨木，枝干苍老古拙很奇妙，花盆和石头的搭配也相得益彰。朱樵峰出二十两银子买它，与兰不肯卖，他珍爱地称之为“小妾”。我煞费苦心借来摆在书斋案头三个月，盆景垂下的一个枝干枯萎了，我懊悔痛惜，急忙抬走归还与兰。与兰惊慌无措，煮人参水浇灌，日夜抚摸不肯放下，一个月后枯萎的枝干复活了。

蟹会

食品不加盐醋而五味全者，为蚶，为河蟹。河蟹至十月与稻粱俱肥，壳如盘大，坟起，而紫螯巨如拳，小脚肉出，油油如螾蜓。掀其壳，膏腻堆积，如玉脂珀屑，团结不散，甘腴虽八珍不及。

一到十月，余与友人兄弟辈立蟹会，期于午后至，煮蟹食之，人六只，恐冷腥，迭番煮之。从以肥腊鸭、牛乳酪。醉蚶如琥珀，以鸭汁煮白菜如玉版。果蓏以谢橘，以风栗，以风菱。饮以玉壶冰，蔬以兵坑笋，饭以新余杭白，漱以兰雪茶。由今思之，真如天厨仙供！酒醉饭饱，惭愧惭愧。

[译文]

食物中不用调味就可以五味俱全的，应该是蚶和河蟹。河蟹到了十月份与粮食一起饱满、成熟。蟹壳像盘子一样大，中间鼓起，紫色的蟹螯大得像拳头，蟹爪里面肉肥，油油的像蚰蜒。打开蟹壳，蟹黄和蟹膏堆积着，像白玉或是琥珀颗粒，紧实地抱成一团，味道甘美肥腴，即使八珍也不能比。

一到十月，我和朋友、兄弟们便成立“蟹会”，约定午后一起聚会，煮螃蟹吃，每个人六只，怕放凉会腥，就分批煮。还搭配肥腊鸭、牛乳酪。醉蚶颜色像琥珀一样，鸭汤煮的白菜像玉片一样洁白。瓜果吃的是谢橘、风栗、风菱。喝的酒是玉壶冰，吃的蔬菜是兵坑笋，米饭用的是余杭新收获的精米，喝的是兰雪茶。今天回忆起来，真的像天上厨师做给神仙享用的美食，酒醉饭饱，纵情享乐，实在是惭愧啊。

露兄

崇祯癸酉，有好事者开茶馆，泉实玉带，茶实兰雪，汤以旋煮，无老汤，器以时涤，无秽器，其火候、汤候，亦时有天合之者。余喜之，名其馆曰“露兄”，取米颠“茶甘露有兄”句也。为之作《斗茶檄》，曰：

水淫茶癖，爰有古风；瑞草雪芽，素称越绝。特以烹煮非法，向来葛灶生尘；更兼赏鉴无人，致使羽《经》积蠹。迩者择有胜地，复举汤盟，水符递自玉泉，茗战争来兰雪。瓜子炒豆，何须瑞草桥边；橘柚查梨，出自仲山圃内。八功德水，无过甘滑香洁清凉；七家常事，不管柴米油盐酱醋。一日何可少此，子猷竹庶可齐名；七碗吃不得了，卢仝茶不算知味。一壶挥麈，用畅清谈；半榻焚香，共期白醉。

［译文］

崇祯癸酉年，有好事的人开了茶馆，水是玉带泉水，茶是兰雪茶，水当即烹煮，没有陈水，茶具随时清洗，没有不洁器具，火候、水温配合得恰到好处。我很喜欢，给这家茶馆起名“露兄”，取自米芾“茶甘露有兄”的诗句。我为它作了《斗茶檄》，是这样写的：

沉迷烹茶的水质和茶，是自古就有的风尚；瑞草和雪芽，从来就是越地的绝品。可是烹茶手法不对，所以煮茶的炉灶积满了灰尘；再加上没有鉴赏茶的人，使得陆羽的《茶经》长了书虫。近来有人选了一个好地方，又举办起茶社，煮茶的水从玉泉打来，斗茶都争着用兰雪茶。吃瓜子、炒豆，何必非要到瑞草桥边；橘子、柚子、山楂、梨，都产自仲山的果园。八功德的水，不过是甘甜、滑爽、清香、洁净、清澈、凉爽；七件家常事里，不去管柴米油烟酱醋。人一天不可以没有茶，和子猷一日不可无竹一样；喝不下七碗，体会不到卢仝的感受。一壶茶助兴，畅快清谈；半榻焚香烘托气氛，期待一起沉醉在茶香里。

闰元宵

崇祯庚辰闰正月，与越中父老约重张五夜灯。余作《张灯致语》曰：

两逢元正，岁成闰于摄提之辰；再值孟陬，天假人以闲暇之月。《春秋传》详记二百四十二年事，春王正月，孔子未得重书；开封府更放十七、十八两夜灯，乾德五年，宋祖犹烦钦赐。兹闰正月者，三生奇遇，何幸今日而当场；百岁难逢，须效古人而秉烛。况吾大越，蓬莱福地，宛委洞天。大江以东，民皆安堵；遵海而北，水不扬波。含哺嬉兮，共乐太平之世界；重译至者，皆言中国有圣人。千百国来朝，白雉之陈无算；十三年于兹，黄耇之说有征。乐圣衔杯，宜纵饮屠苏之酒；较书分火，应暂辍太乙之藜。

前此元宵，竟因雪妒，天亦知点缀丰年；后来灯夕，欲与月期，人不可蹉跎胜事。六鳌山立，只说飞来东武，使鸡犬不惊；百兽室悬，毋曰下守海澨，唯鱼鳖是见。笙箫聒地，竹椽出自柯亭；花草盈街，禊帖携来兰渚。士女潮涌，撼动蠡城；车马雷殷，唤醒龙屿。况时逢丰穰，呼庚呼癸，一岁自兆重登；且科际辰年，为龙为光，两榜必征双首。莫轻此五夜之乐，眼望何时？试问那百年之人，躬逢几次？敢祈同志，勿负良宵。敬藉赫蹄，喧传口号。

［译文］

崇祯庚辰年闰正月，我和越中父老约定再点午夜花灯，我写了点灯颂词说：“今年恰逢有两个正月，闰月形成于摄提之年；又过一个正月，这是上天赐给人们闲暇的日子。《春秋传》详细记载了二百四十二年的事情，孔子都没有记录过一年有两个正月；乾德五年，开封府改为十七、十八两夜放灯，还要劳烦宋太祖钦赐。闰正月这件事，是三生奇遇，多幸运我们能亲历；百年难逢的事情，要效法古人张灯结彩。况且我们越地是蓬莱福地，地形曲折别有洞天。大江以东，人民安居乐业；沿海岸以北，安静祥和。人民生活富足安乐，共享太平盛世；负责传译的使者到来，都说中国有圣人加持。无数国家前来觐见，献上了数不尽的宝物；自皇帝继位十三年来，黄耇老人的话得到应验。喜欢喝酒的人，应该纵饮屠苏酒；专心读书的人，应该暂时放下书本。

上个元宵节，雪因为妒忌元宵节的灯火所以从天而降，上天也知道用雪点缀丰年；这个灯节，要和月亮约定，人们不可以浪费美好时光。六只乌龟彩灯驮着山峰伫立，说的是飞来东武山，却没有惊扰鸡犬；百兽花灯挂在屋子里，不要抱怨被下放守护海岸，只能见到鱼鳖。笙箫声震动大地，竹子出自柯亭；花草遍布街巷，是禊帖带来了兰亭盛会。士绅、淑女像潮水一样涌动，撼动了绍兴城；车马像雷声滚滚，唤醒了龙山。况且时逢丰年，粮食充足，预示着又一个五谷丰登之年的好兆头；今年又是科举考试的年份，承蒙皇上恩赐，读书人一定会两榜高中位居榜首。不要小看这五个夜晚的快乐，大家还观望什么呢？试问那些垂垂老者，经历过几次？我大胆祈求志同道合者，不要辜负良宵。我恭敬地借这张纸，向大家大声传播颂词。”

合采牌

余作“文武牌”，以纸易骨，便于角斗，而燕客复刻一牌，集天下之斗虎、斗鹰、斗豹者，而多其色目、多其采，曰“合采牌”。余为之作叙曰：

太史公曰："凡编户之民，富相什则卑下之，伯则畏惮之，千则役，万则仆，物之理也。"古人以钱之名不雅驯，缙绅先生难道之，故易其名曰赋、曰禄、曰饷，天子千里外曰采。采者，采其美物以为贡，犹赋也。诸侯在天子之县内曰采，有地以处其子孙亦曰采，名不一，其实皆谷也，饭食之谓也。周封建多采则胜，秦无采则亡。采在下无以合之，则齐桓、晋文起矣。列国有采而分析之，则主父偃之谋也。由是而亮采服采，好官不过多得采耳。充类至义之尽，窃亦采也，盗亦采也，鹰虎豹由此其选也。然则奚为而不禁？曰："小役大，弱役强，斯二者天也。"《皋陶谟》曰："载采采。"微哉！之哉！庶哉！

[译文]

我做了一副画着文臣武将的纸牌，用纸代替骨头，便于博彩。而燕客又刻了一种牌，把天下斗虎、斗鹰、斗豹都汇集在一起，名目多，输赢也多，称作"合采牌"。我为它写了一篇文章说：

"太史公说：'普天下的百姓，如果比别人富裕十倍，别人就要尊敬他，富裕百倍就要畏惧、害怕他，富裕千倍就要被他役使，富裕万倍就要做他的仆人，这是事情的规律。'古人认为钱的名字不文雅，有身份的人不好提起，所以就改称赋、禄、饷。把位于天子千里之外的地方叫采，采就是采集好东西作为贡品，和赋一个意思。诸侯在天子的土地上的封地叫采，再把封地分给子孙也叫采，叫法不同，其实都指的是谷物，是对粮食的称谓。周朝实行分封制，因为采邑多赋税多，所以国力强盛；秦朝实行中央集权，没有分封，没有赋税，所以灭亡。分封诸侯却无力统治，导致齐桓公、晋文公势力兴起。对各诸侯国的封地再细分，是主父偃的谋略。由此辅佐政务的大臣和负责朝祭的大臣，品行好的官员都不能得到更多采。以此类推，偷和抢也是采，鹰、虎、豹由此被选上画在牌上。可是为什么不能禁止呢？孟子说：渺小的被强大的奴役，衰弱的被强盛的奴役，这是天意。《皋陶谟》说：'载采采。'真是微言大义，切中要害，得此点拨多么有幸啊！”

瑞草溪亭

瑞草溪亭为龙山支麓，高与屋等。燕客相其下有奇石，身执蘽臿，为匠石先，发掘之。见土舝土，见石甃石，去三丈许，始与基平，乃就其上建屋。屋今日成，明日拆，后日又成，再后日又拆，凡十七变而溪亭始出。盖此地无溪也，而溪之，溪之不足，又潴之、壑之。一日鸠工数千指，索性池之，索性阔一亩，索性深八尺。无水，挑水贮之，中留一石如案，回潴浮峦，颇亦有致。

燕客以山石新开，意不苍古，乃用马粪涂之，使长苔藓；苔藓不得即出，又呼画工以石青、石绿皴之。一日左右视，谓此石案焉可无天目松数棵盘郁其上？遂以重价购天目松五六棵，凿石种之。石不受锸，石崩裂，不石不树，亦不复案。燕客怒，连夜凿成砚山形，缺一角，又辇一岩石补之。

燕客性卞急，种树不得大，移大树种之；移种而死，又寻大树补之。种不死不已，死亦种不已，以故树不得不死，然亦不得即死。

溪亭比旧址低四丈，运土至东，多成高山，一亩之室，沧桑忽变。见其一室成，必多坐看之，至隔宿或即无有矣。故溪亭虽渺小，所费至巨万焉。

燕客看小说：姚崇梦游地狱，至一大厂，炉鞴千副，恶鬼数千，铸泻甚急。问之，曰："为燕国公铸横财。"后至一处，炉灶冷落，疲鬼一二人鼓橐，奄奄无力。崇问之，曰："此相公财库也。"崇寤而叹曰："燕公豪奢，殆天纵也。"燕客喜其事，遂号"燕客"。

二叔业四五万，燕客缘手立尽。甲申，二叔客死淮安，燕客奔丧，所积薪俸及玩好、币帛之类又二万许，燕客携归，甫三月又辄尽。时人比之"鱼宏四尽"焉。溪亭住宅，一头造，一头改，一头卖，翻山倒水无虚日。有夏耳金者，制灯剪彩为花，亦无虚日。人称耳金为"败落隋炀帝"，称燕客为"穷极秦始皇"，可发一粲。

[译文]

瑞草溪亭位于龙山支脉，和房屋一样高。燕客看中它的下方有块奇石，亲自拿着工具，率领各路工匠，挖掘那个地方。他们见到土就运走，遇到石头就挖出来，挖了三丈深，刚好和地基持平，于是在上面盖房子。房子今天建好，明天拆掉，后天又建，大后天再拆，一共反复了十七次溪亭才完工。可是这个地方没有溪水，就挖了条小溪，溪水流量小，又蓄水，挖沟引水，每天聚集数千工匠。后来索性挖一方水池，索性水池再扩大一亩，索性再深挖八尺。没有水源，就挑水注满池子。他在池子中间保留一块案几形状的石头，池水在山石间回旋流动，也很有几分情致。

燕客认为山石刚刚开采出来，形象不够苍老古朴，就用马粪抹在上面，想让它长出苔藓。苔藓不能马上长出来，他又找来画工用石青、石绿这些绘画颜料皴染。有一天他左右端详，说这个石案怎么可以没有几棵天目松茂盛地盘绕在上面，于是花大价钱买了五六棵天目松，凿开石头种下。石头不能承受铁锨的打击，崩裂了，没了石头，没了树，也没了案儿，燕客恼怒，连夜把石头凿成砚台一样的山形，缺了一个角，又运来一块大石头补上。

燕客脾性急躁，种的树一时长不大，就移来大树种上，树因为移植而死，又找来大树补种。屡种屡死，屡死屡种，所以树不得不死，可又不会马上就死。

溪亭比旧址低四丈，挖出的土运到东面几乎堆成了高山。一亩大的地方，也发生了沧桑变化。看到他建成了一间房子，我一定多坐一会儿观看，隔一个晚上也许就不存在了。所以溪亭虽然渺小，可是花费巨大。

燕客看小说时看到："姚崇梦游地狱，到一个大工棚，有千副风箱，恶鬼数千，忙着铸造，问他们，说：'在为燕国公铸横财。'后来到一个地方，见到炉灶不旺，一两个疲惫的鬼怪拉着风箱，有气无力，姚崇问他们，回答说：'这是相公的财库。'姚崇醒后感叹道：'燕公巨富奢侈，大概是上天纵容他。'"燕客喜欢这段描写，于是自号"燕客"。

二叔家业四五万，燕客随手就花光。甲申年，二叔客死淮安，燕客去奔丧，二叔积攒的薪俸以及古玩、古币、布帛等等又有两万多，燕客带回来，刚刚过三个月又全部花光，当时的人把他和"鱼宏四尽"的故事相比。溪亭住宅，一边建，一边改，一边卖，翻山倒水从没有消停。有个夏耳金，痴迷做花灯和剪彩纸做花，也是从不停歇。人们称耳金为“败落隋炀帝”，称燕客为“穷极秦始皇”，真可引人一笑。

琅嬛福地

陶庵梦有夙因，常梦至一石厂，峥窅岩寝，前有急湍洄溪，水落如雪，松石奇古，杂以名花。梦坐其中，童子进茗果，积书满架，开卷视之，多蝌蚪、鸟迹、霹雳篆文，梦中读之，似能通其棘涩。

闲居无事，夜辄梦之，醒后伫思，欲得一胜地仿佛为之。郊外有一小山，石骨棱砺，上多筠篁，偃伏园内。余欲造厂，堂东西向，前后轩之，后磦一石坪，植黄山松数棵，奇石峡之。堂前树娑罗二，资其清樾。左附虚室，坐对山麓，磴磴齿齿，划裂如试剑，匾曰“一丘”。右踞厂阁三间，前临大沼，秋水明瑟，深柳读书，匾曰“一壑”。缘山以北，精舍小房，绌屈蜿蜒，有古木，有层崖，有小涧，有幽篁，节节有致。

山尽有佳穴，造生圹，俟陶庵蜕焉，碑曰“呜呼有明陶庵张长公之圹”。圹左有空地亩许，架一草庵，供佛，供陶庵像，迎僧住之奉香火。

大沼阔十亩许，沼外小河三四折，可纳舟入沼。河两崖皆高阜，可植果木，以橘、以梅、以梨、以枣，枸菊围之。山顶可亭。山之西鄙有腴田二十亩，可秫可粳。门临大河，小楼翼之，可看炉峰、敬亭诸山。楼下门之，匾曰“琅嬛福地”。缘河北走，有石桥极古朴，上有灌木，可坐、可风、可月。

[译文]

我的梦里有前世因缘。我常梦到一座石庵，周围山势峥嵘，岩穴幽深，庵前有湍急回旋的小溪流淌，水花溅落像雪一样白，松树、石头奇异古朴，点缀着名贵的花草。我梦见自己坐在里面，童子送上茶和水果，藏书满架都是，开卷阅读，都是形似蝌蚪、鸟迹、霹雳一样的文字和篆文，在梦中读书，好像能通晓其中的艰涩。

闲居无事，夜晚总是梦到，梦醒后凝神思索，想找一块胜地模仿梦境建造一座石庵。郊外有一座小山，山石棱角分明，山上长着很多竹子，卧伏在园子里。我想建一座庵，厅堂东西走向，前后敞开，后面垒一个石坪，种几棵黄山松，用奇石造出一个峡谷。堂前种两棵娑罗树，享受它的阴凉。左边建一座空屋，面对着山麓，可以看到山石排列整齐，像试剑时划裂的一般，匾额上写“一丘”。右边竖立三间棚阁，前面紧挨着一个大池塘，秋水明洁，可以在深柳下读书，匾额上写“一壑”。顺山势向北，有精致的房舍，曲折环绕，有参天古木，有层层山崖，有流淌的小山涧，有幽森茂密的竹林，每个细节都很有情致。

山的尽头有一个美妙的洞穴，建一座生前预造的坟墓，等到我去世后埋在那儿，碑上刻“呜呼有明陶庵张长公之圹”。墓左边有一块一亩多的空地，架起一座草庵，里面供佛，供陶庵画像，迎请僧人住持并供奉香火。

大池塘面积有十亩多，池塘外面有小河弯弯曲曲，可以顺河划船进入池塘。河的两岸都是高高的山丘，可以种果树，种上橘树、梅树、梨树、枣树，用枸杞、菊花围绕。山顶可以建一座亭子。山的西边，有肥沃良田二十亩，可以种高粱和稻子。门口紧邻大河，在门两边建小楼，可以远看炉峰、敬亭各山。楼下有门，匾额上写“琅嬛福地”。顺着河向北走，有一座极为古朴的石桥，上面长着灌木，可以闲坐，可以沐风，可以赏月。

补遗

鲁王

福王南渡，鲁王播迁至越，以先父相鲁先王，幸臣旧第。岱接驾，无所考仪注，以意为之。踏脚四扇，氍毹藉之，高厅事尺，设御座，席七重，备山海之供。鲁王至，冠翼善，玄色，蟒袍玉带，朱玉绶。观者杂沓，前后左右，用梯，用台，用凳，环立看之，几不能步，剩御前数武而已。传旨“勿辟人”。岱进，行君臣礼。献茶毕，安席，再行礼。不送杯箸，示不敢为主也。趋侍坐。书堂官三人，执银壶二,一勘酒，一折酒，一举杯，跪进上。膳：一肉簋；一汤盏，盏上用银盖盖之；一面食，用三黄绢笼罩。三臧获捧盘加额跪献之。书堂官捧进御前，汤点七进，队舞七回，鼓吹七次，存“七奏”意。是日演《卖油郎》传奇，内有泥马渡康王故事，与时事巧合，睿颜大喜。

二鼓转席，临不二斋、梅花书屋，坐木犹龙，卧岱书榻，剧谈移时。出登席，设二席于御坐傍，命岱与陈洪绶侍饮，谐谑欢笑如平交。睿量宏，已进酒半斗矣，大犀觥一气尽。陈洪绶不胜饮，呕哕御座旁。寻设一小几，命洪绶书策，醉捉笔不起，止之。剧完，饶戏十余出。起驾转席，后又进酒半斗，睿颜微酡，进辇，两书堂官掖之，不能步。岱送至闾外。命书堂官再传旨曰：“爷今日大喜，爷今日喜极！”君臣欢洽，脱略至此，真属异数。

[译文]

福王朱由崧南渡，鲁王朱以海也迁移到越地，因为我的父亲曾经辅佐过鲁王朱寿鋐，鲁王亲临我家老宅。我担忧接驾的事情，可是无法考证各种礼仪规范，就凭自己的想象来做。布置了四个踏脚，下面铺了地毯，丈量大厅高度，设置御座，准备了七重宴席，预备了山珍海味的供奉。鲁王驾到，戴着黑色翼善冠，穿着蟒袍玉带，披着朱玉的绶带。围观的人杂乱、喧哗，站在梯子上、台子上、凳子上，围成一圈观看，几乎无法前进，只差几步就到御座前了。鲁王传旨："不要驱赶众人。"我上前，行了君臣礼。献茶后，鲁王安坐在席位上，我再次行礼。没有让人给我自己准备杯筷，表示不敢把自己当成主人。我上前陪坐。三个书堂官拿着两把银壶，一把用来斟酒，一把用来兑酒，一个人举杯，跪着献给鲁王。吃的食物是：一簋肉，一盏汤，盏用银盖子盖着；一种面食，用三黄绢覆盖着。三个仆人捧在头上跪着献上，由书堂官捧到御前。汤水点心进献七道，多人歌舞演了七段，音乐演奏七次，都是按照"七奏"的礼数进行。当天唱了《卖油郎》传奇，里面有赵构泥马渡江的故事，与当时情境暗合，鲁王看后满脸喜悦。

二鼓后换了地方，鲁王来到不二斋、梅花书屋，坐在木犹龙上，躺在我的书榻上，和我长聊了很久。出来坐上宴席，鲁王命人在御座旁边设两个席位，命令我和陈洪绶陪酒，快乐地同我们说笑，就像平常人之间的交往。鲁王海量，已经喝了半升酒，大的犀角杯一口喝干。陈洪绶不胜酒力，在御座旁吐了。过一会儿设了一个小案儿，命令陈洪绶作画，陈洪绶醉得拿不起笔，鲁王就不勉强他了。戏剧演完，又演了轻松的地方小戏十余出。然后鲁王起驾转席，又喝了半斗酒，鲁王面色微红，进到辇车里，两个书堂官架着他，不能自己行走。我送到巷子外面。鲁王命令书堂官再次传旨说："爷今天非常高兴，爷今天高兴极了！"君臣欢乐融洽，像这么随性、无拘无束，真是不多见。

苏州白兔

崇祯戊寅至苏州，见白兔，异之。及抵武林，金知县汝砺宦福建，携白兔二十余只归，己卯、庚辰，杭州遍城市皆白兔，越中生育至百至千。此兽妖也。余少时不知吃烟为何物，十年之内，老壮童稚妇人女子无不吃烟，大街小巷尽摆烟桌。此草妖也。妇人不知何故，一年之内都着对襟衫，戴昭君套。此服妖也。庚辰冬底，燕客家琴砖十余块，结冰花如牡丹、芍药，花瓣枝叶，如绣如绘，间有人物鸟兽，奇形怪状，十余砖底面皆满。燕客迎余看，至三日不消。此冰妖也。燕客误以为祥瑞，作《冰花赋》，檄友人作诗咏之。

［译文］

崇祯戊寅年我到苏州，见到白兔，很惊异。等到了杭州，金汝砺曾经在福建任知县，从那里带了二十余只兔子回来。己卯年、庚辰年，杭州满城都是白兔，兔子在越地繁殖成百上千。这是兽妖。我年轻时不知道烟草是什么东西，十年之内，男女老幼都在吃烟，大街小巷到处摆着烟桌。这是草妖。女人不知道为什么，一年之内都穿起了对襟上衣，戴上昭君套。这是服妖。庚辰年冬末，燕客家里十余块琴砖，上面结了冰花，像牡丹、芍药，花瓣和枝叶，像刺绣，像绘画，还夹杂着人物鸟兽，奇形怪状，十余块砖底部和面部都结满了。燕客邀请我去观看，冰花三天都没有消融。这是冰妖。燕客误认为这是祥瑞现象，作了《冰花赋》，带动朋友们纷纷作诗赞美这件事。

草妖

河北观察使袁茂林楷所记草妖尤异。崇祯七年七月初一，孟县民孙光显祖墓有野葡萄，草蔓延长丈许。今夏枝桠间忽抽新条，有似美人者，似达官者，有似龙、似凤、似麟、似龟、似雀、似鱼、似蝉、似蛇、似孔雀，有似鼠伏于枝者，有似鹦鹉栖于架者，架上有盏，盏中有粒。凤则苞羽具五彩，美人上下衣裳，裳白衣黄，面上依稀似粉黛。人间物象，种种具备。七月初八日，地方人始报闻，急使人取之，已为好事者撷尽，止得美人一，鹦鹉一，凤一，故述此三物尤悉。余谓此草木之妖。适晤史云岫，言汉灵帝中平元年，东郡有草如鸠雀、蛇龙、鸟兽之状。若然，则余所臆度者更可杞忧。此异宜上闻，县令以萎草不耐，恐取观不便，遂寝其事。特为记之如左。

［译文］

河北观察使袁茂林记载的草妖尤其怪异：崇祯七年七月初一，孟县百姓孙光显家的祖坟上长出了野葡萄，葡萄藤蔓延有一丈多长。今年夏天枝丫间忽然长出新的枝条，有的像美人，有的像官员，有的像龙、凤凰、麒麟、乌龟、鸟雀、鱼、蝉、蛇、孔雀，有的像老鼠趴在葡萄藤下，有的像鹦鹉栖息在架子上，架子上有小碗，碗里有粮食。凤凰的羽毛五彩斑斓。美人衣衫齐整，上衣黄色，下裳白色，脸上好像还化了妆。人间的各种物象，都有反映。七月初八那天，当地人才报告官府，官府急忙派人去取，可是大多已经被好事的人摘光，只剩下一个“美人”、一只“鹦鹉”、一只“凤凰”，所以他才可以详细描述这三种。我认为这是草木的妖怪。我正好会晤史云迪，他说汉武帝中平元年，东方有一种草长成了斑鸠、麻雀、蛇、龙、鱼、野兽的样子。如果是这样，我的猜想更是杞人忧天了。这种怪异的事情应该禀告皇上，县令因为草容易枯萎，怕不便于采摘、观看，于是没有办理。我特意把这件事详细记录下来。

祁世培

乙酉秋九月，余见时事日非，辞鲁国主，隐居剡中。方磐石遣礼币，聘余出山，商确军务，檄县官上门敦促。余不得已，于丙戌正月十一日，道北山，逾唐园岭，宿平水韩店。余适疽发于背，痛楚呻吟，倚枕假寐，见青衣持一刺示余，曰“祁彪佳拜”。余惊起，见世培排闼入，白衣冠。余肃入，坐定。余梦中知其已死，曰:“世培尽忠报国，为吾辈生色。”世培微笑，遽言曰:“宗老此时不埋名屏迹，出山何为耶?”余曰:“余欲辅鲁监国耳。”因言其如此如此，已有成算。世培笑曰:“尔要做，谁许尔做！且强尔出，无他意，十日内有人勒尔助饷。”余曰:“方磐石诚心邀余共事，应不我欺。”世培曰:“尔自知之矣。天下事至此，已不可为矣。尔试观天象。”拉余起，下阶西南望，见大小星堕落如雨，崩裂有声。世培曰:“天数如此，奈何奈何！宗老，尔速还山！随尔高手，到后来只好下我这着！”起，出门附耳曰：“完《石匮书》！”洒然竟去。余但闻犬声如豹，惊寤，汗浴背，门外犬吠嗥嗥，与梦中声接续。蹴儿子起，语之。次日抵家。阅十日，镳儿被缚去，果有逼勒助饷之事。忠魂之笃而灵也如此！

［译文］

乙酉年秋九月，我感觉时局已经大变，就和鲁王告辞，隐居到剡中。方国安送来银子慰问，邀请我出山，和他商讨军务，给县官写信让他上门恳请我。我迫不得已，在丙戌年正月十一日，路过北山，翻过唐园岭，住在平水镇的韩店。我当时背上生疽，疼痛呻吟，靠着枕头打盹儿，见到一个穿青衣的人拿着一张名片给我，说：“祁彪佳拜见。”我吃惊地站起，见到世培推门进来，他穿白衣戴白帽。我恭敬迎进，坐定。我在梦中知道他已经死了，说：“世培你尽忠报国，为我们争光。”世培微笑，忽然说：“宗老现在不隐姓埋名、销声匿迹，出山为了什么？”我说：“我想辅佐鲁监国罢了。”就讲了经过和打算。世培笑着说：“你要做，谁承诺让你做？而且勉强你出山，没有其他打算，十天之内会有人向你索要钱粮做军饷。”我说：“方国安诚心邀请我一同做事，应该不会骗我。”世培说：“你好自为之。国家到了这个地步，已经无力回天了。你试着看看天象。”拉我起来，走下台阶向西南方天空眺望，看见大大小小的星星像雨一样从天而降，还发出崩裂的声音。世培说：“上天安排的命运就是这样，奈何！奈何！宗老，你马上回到山里，即便你是高手，最后也只好和我下同一着棋，一个下场！”他说完起身，出门时和我耳语说：“完成《石匮书》。”之后飘然而去。我只听到狗叫声大得像豹吼，瞬间惊醒了，汗湿后背，门外狗狂叫，和梦中听到的接续起来。我踢醒儿子，告诉他梦里的事。次日回到家。过了十天，镳儿被绑走，果真发生强迫我出钱粮助军饷的事情。忠烈的魂灵竟是这样笃厚啊！